कविताएं ले लो रेडीमेड

रेडीमेड कविताएं

राम रतन

BlueRose Publishers

First Published in August 2020

ISBN: 978-93-90380-30-5

BLUEROSE PUBLISHERS
www.bluerosepublishers.com
info@bluerosepublishers.com
+91 8882 898 898

Cover Design:
Mohit Joshi

Typographic Design:
Namrata Saini

Distributed by: BlueRose, Amazon, Flipkart, Shopclues

आमुख

संवेदन की प्रतिध्वनि हैं ये कविताऐं; प्रत्येक हृदय में संवेदना के दंश से छटपटाहट होना स्वाभाविक हैं। जब-जब यह स्वयं को प्रताड़ित महसूस करती है तब और अधिक उग्र हो उठती है, ऐसी ही मनोदशा की अभिव्यक्ति भी यहाँ है।

वांच्छित प्रतिभा का अभाव होने के कारण मौलिकता और मानक प्रतिमानों का भी अभाव हो सकता है। तो क्या वांच्छित वाक-पटुता के अभाव के कारण अपनी बात कहने का भी अधिकार नहीं होना चाहिए?

रेडीमेड जैसी ये कविताएं..... ले-देकर व्यंग्यात्मक शैली में जो कुछ भी कहा गया है, वह खिचड़ी जैसी भी बन पड़ी है, परोसी जा रही है।

सादर समर्पित
रामरतन कश्यप

विषय-सूची

सरस्वती वंदना

वर दे; वीणा वादिनि वर दे, आज श्वरों की मधुवेला में,
अन्तरमन को झंकृत कर दे।

मेरे साज को आवाज दे, रागों को निखार दे,
सप्तस्वरों की स्वर लहरी को, गंगाजल सा निर्मल कर दे।

नई चेतना नई उमंगो, गूँज उठे हर क्यारी-क्यारी,
धरती माँ का स्वर्णिम आंचल तारों से तू जगमग कर दे।

अन्धकार में जो खोये हैं, चुमके-चुमके जो रोये हैं,
आशा का दीपक जला दिलों में, हर चौखट को रोशन कर दे।
वर दे; वीणा वादिनि वर दे।।

ईश्वर अल्लाह तेरो नाम

ईश्वर अल्लाह तेरो नाम सबको सन्मति दे भगवान,
मन्दिर मस्ज़िद जूझ रहे हैं, मचा हुआ कैसा संग्राम।
मुझे बता दे मेरे राम! अलग-अलग क्यों तेरे धाम?
कही पे मस्ज़िद कहीं शिवालय खड़ा हुआ है गोरख धाम।
मेरे रब्बा रंग जमा दे, अल्हेश्वर का मेल करा दे,
एक धाम ऐसा बनवा दे करे जहाँ दोनों विश्राम।
ईश्वर अल्लाह तेरो नाम सबको सन्मति दे भगवान।।

अगर एक हैं दोनों भाई फिर क्यों होता है संग्राम?
कोई इतना हमें बता दे न्याय धर्म की डगर दिखा दे,
मन्दिर मस्ज़िद गुरुद्वारों पर इन्सानियत की ध्वजा लगा दे।
गली गली और कूँचे-कूँचे भटक रहा हूँ चारो याम।
ईश्वर अल्लाह तेरो नाम सबको सन्मति दे भगवान।।

किसी की चोटी खड़ी हो गई, नाक किसी की बड़ी हो गई,
चरणों में कोई पड़ा हुआ है, दीन दलित है साधु राम।
कैसा भेद भाव भगवान अलग-थलग क्यों हर इंसान,
भेद भाव की चिता जला दे; दुष्ट नीतियों को दफना दे,
मेरे दिल को बड़ा बना दे प्यार की इसमें ज्योति जला दे।
नहीं फरिश्ता बन पाऊँगा रहने दे मुझको इंसान।
ईश्वर अल्लाह तेरो नाम सबको सन्मति दे भगवान।।

मन्दिर मन्दिर झांक के देखा

मन्दिर मन्दिर झांक के देखा, कहीं न मुझको राम मिला,
अहंकार के स्वर्ण महल में रावण का परिवार टिका,
लूट रहा है जो दुनियाँ को, ऐसा भी एक बोध जगा।

अन्तर मन में ध्यान लगाया, वहाँ विराजा राम दिखा,
मिट्टी के कण-कण में बैठा; चहूँ ओर भगवान दिखा,
हनुमान कर्तव्य मार्ग पर, सदा राम के साथ दिखा।

मैंने फिर भी की चतुराई; जमवन्त की पूँछ हिलाई,
जामवन्त ने बल-वैभव की; हनुमान को याद दिलाई,
राक्षसी लंका ढहाने में, पवन-पुत्र का साथ मिला।

हर दिल में जो राम छिपा है, उसको आज जगाना है,
हनुमान के बल-वैभव की, उसको याद दिलाना है,
भ्रष्टाचार के हर रावण को, अब तो मार गिराना होगा।
अपने दिल में राम छिपा जो; उसको सम्मुख लाना होगा।।

कहीं न मुझको राम मिला

मन्दिर-मन्दिर झांक के देखा, कहीं न मुझको राम मिला।
तीरथ-तीरथ घूम के आया; नहीं मुक्ति का धाम मिला।
जितना ऊँचा था देवालय, उतना ऊँचा ढोंग मिला
छल-प्रयंच और लूट-घसोट; बस पण्डों का काम मिला।।

धन-दौलत की सारी गठरी, बातों में लुटा आया।
लुटा पिटा मंजिल का मारा, लौट के बुद्धू घर को आया।
पत्नी बोली क्या लाये हो, पूँजी सभी लुटा आये हो।
बच्चों ने भी शोर मचाया; दे कर प्रसाद उन्हें बहलाया।।

भाग दौड़ कर थका हुआ था, डेरे पर विश्राम मिला।
पत्नी के पहलू में छुपकर, मुझे सुखद आराम मिला।
नारी नरक का द्वार नहीं है, अब मैं इतना जान चुका था।
गृहस्थी में हैं सुख सारे इतना भी पहिचान चुका था।।

पत्नी बोली वैराग्य त्यागो स्वर्ग-नरक से बाहर आओ।
खुली आँख से दुनियाँ देखो पलायनवाद का मोह त्यागो।
कर्तव्य पथ पर अडिग रहो अपना हर कर्तव्य निभाओ।
उसकी बातों से ही मुझको कर्मयोग का ज्ञान मिला।।

खुली हुई गीता सम्मुख थी, सत्य-असत्य का भाव जगा।
जर्रे-जर्रे में सत्य छिपा है, जिससे संचालित है जीवन।
होना-रहना और बिछुड़ना; प्रकृति के ही रंग हैं सारे।
इन्हीं में सिमटा है यह जीवन तू काहे उस पार निहारे।।

उस पार क्या है क्या नहीं है, ये सब एक वितण्डा है।
भोले मानव को ठगने का, बहुत बड़ा हथकण्डा है।
अब मैं इतना जान चुका था ठोस-सत्य पहिचान चुका था।
घर में ही आकर मुझको यथार्थ सत्य का ज्ञान मिला।।

कण-कण में यहाँ सत्य छिपा है, इसका भी ऐहसास जगा।
कैसा सुन्दर है यह जीवन, प्रकृति का वरदान मिला।
इसको व्यर्थ नहीं खोना है, बस इतना ही ज्ञान मिला।
मन्दिर-मन्दिर झांक के देखा कहीं न मुझको राम मिला।।

हिन्दुस्तान हमारा है

हिन्दुस्तान हमारा है, हमको प्राणों से प्यारा है,
इसका मान बढायेंगे, हम नई रोशनी लायेंगे,
आम आदमी का सपना है, सिर जनता के ताज सजे,
हिन्दुस्तान तरक्की पाये, दुनियाँ का शिरमौर बने,
परिवर्तन की घड़ी आ गई जनता ने ललकारा है,
गद्दारो अब सत्ता छोड़ो हिन्दुस्तान हमारा है।
हिन्दुस्तान हमारा है, हमको प्राणों से प्यारा है।।

तुमने लूट मलाई खाई, और जनता को छाछ पिलाई,
इसका मोल चुकाना होगा, तुम्हें जेल में जाना होगा,
माल देश का लूट रहे हैं, खून हमारा चूस रहे हैं,
इनको सबक सिखायेंगे हम यह कर्तव्य हमारा है।
हिन्दुस्तान हमारा है, हमको प्राणों से प्यारा है।।

सत्ता पर तो ग्रहण लगा है देश में हाहाकार मचा है,
नेता रोज मलाई खाये और जनता को आँख दिखाये,
साधू से शैतान बन गये, नेता तो हैवान बन गये,
इनको धूल चटायेंगे हम, यह संकल्प हमारा है।
हिन्दुस्तान हमारा है, हमको प्राणों से प्यारा है।।

हम जागेंगे देश जगेगा तम का राहू तभी हटेगा,
राम भी जगे रहीम भी जागे कृष्णा और कबीर भी जागे,
वो जागे जो अब तक सोया गफलत की दुनियाँ में खोया,
परिवर्तन का नारा है अब जागा देश हमारा है।
हिन्दुस्तान हमारा है, हमको प्राणों से प्यारा है।।

सत्ता के शिखरों पर बैठे, अहंकार में फिरते ऐंठे,
सत्ताधारी चोर हो गये, हम भी इनसे बोर हो गये,
निकलो बाहर मकानों से, जंग लड़ो बेईमानों से,
हर जोर जुल्म की टक्कर में, संघर्ष हमारा नारा है।

हिन्दुस्तान हमारा है, हमको प्राणों से प्यारा है।
इसका मान बढायेगे हम नई रोशनी लायेगे।।

महामंत्र गौतम बुद्धा का

महामंत्र गौतम बुद्धा का, अपना दीपक आप बनो,
वाट छोड़ दो देवदूत की, अपनी मंजिल आप चुनो,
लोकतन्त्र की धुरी तुम्हीं हो, तुम्ही देश के भाग्य विधाता,
आम आदमी मेहनत कश भी, करदाता तुम ही मतदाता,
सजग बनो आलस तज डालो, मजलूमों की ढाल बनो।
महामंत्र गौतम बुद्धा का, अपना दीपक आप बनो।।

नेता अपसर पूँजीवाले, इनके भ्रष्ट आचरण सारे,
तीनों मिलकर लूट रहे हैं, बन जाते हैं भोले-भाले,
लूटतन्त्र के किले ध्वस्तकर, लोकतन्त्र की राह चुनो,
महामंत्र गौतम बुद्धा का, अपना दीपक आप बनो।।

तुम चाहो तो धरती की तश्वीर बदल सकते हो,
आम आदमी के चेहरे पर खुशियाँ ला सकते हो,
परिवर्तन की इस वेला में मांझी बन पतवार गहो।
महामंत्र गौतम बुद्धा का, अपना दीपक आप बनो।।

जब तक चलोगे ऊँगली थामे, नहीं सफलता पाओगे,
करम लिखे को दोषी कह कर, सिर धुन कर पछिताओगे,
लोकतन्त्र का खरा तकाजा, आज मशीहा तुम्हीं बनो।
महामंत्र गौतम बुद्धा का, अपना दीपक आप बनो।
वाट छोड़ दो देवदूत की, अपनी मंजिल आप चुनो।।

हम हैं आप के

हम हैं आप के आप हमारे, क्यों बैठे हो हिम्मत हारे,
परिवर्तन की हवा चली है, कली-कली पर धूप खिली है,
भोर सुहानी खड़ी द्वारे, क्यों सोता हैं पैर पसारे।
हम हैं आप के आप हमारे।।

आम आदमी जब सोता है, माल की गठरी तब खोता है,
सूरज दादू तुम्हें पुकारे, आँखों में भरलो अंगारे।
हम हैं आप के आप हमारे।।

तम के राक्षस जल जायेंगे, कुंए में गिर कर मर जायेंगे,
तभी मिटेगा कष्ट हमारा, खुल जायेंगे भाग्य हमारे।
हम हैं आप के आप हमारे।
क्यों बैठे हो हिम्मत हारे।।

स्वराज

नई व्यवस्था हमें चाहिए, जनता को अधिकार चाहिए,
गली-गली में ग्राम सभा हो निर्णय का अधिकार चाहिए।
नहर-सड़क पुल-बाँध हजारो, भ्रष्टतन्त्र की भेंट चढ गये,
समय से पहले जरजर होकर, जीवन का जंजाल बन गये,
हमने अपना वोट डालकर, प्रतिनिधि जो संसद पहुँचाये,
धनवालों के हाथ बिके वो, भ्रष्टतन्त्र की भेंट चढ़ गये।
लोकतन्त्र को लगी बीमारी, जनता है निर्बल बेचारी,
घपलों और घोटालों से अखबारों के पृष्ठ भर गये,
अब यह चलन बदलना होगा, शासन अपना लाना होगा,
स्वराज न केवल नारा है, यह अधिकार हमारा है,
सत्ता आये हाथ हमारे, तभी मिलेगे अवसर सारे।
नई व्यवस्था हमें चाहिए, जनता को अधिकार चाहिए।
गली-गली में ग्राम सभा हो निर्णय का अधिकार चाहिए।।

बजट बने जनता के द्वारा, सहभागी सरकार चाहिए,
अपने झगड़े हम सुलझायें निज हित की योजना बनाये,
जो अपसर हो भ्रष्टाचारी उसको भी दण्डित कर पाये,
ऊपर से जो पैसा आता नहीं उचित हाथों में जाता,
बन्दर बांट धन की हो जाती, हर बन्दर है हिस्सा पाता,
लूटतन्त्र के सरदारों से भारत देश बचाना होगा,
मताधिकार का सदुपयोग कर अब स्वराज ही लाना होगा।
आज व्यवस्था परिवर्तन में जनता का सहयोग चाहिए,
भ्रष्टजनों को धूल चटाये, जनता का वो वोट चाहिए,
भ्रष्टाचारी दण्डित हों और सबको उचित न्याय चाहिए,
नई व्यवस्था हमें चाहिए, जनता को अधिकार चाहिए।
गली-गली में ग्राम सभा हो निर्णय का अधिकार चाहिए।।

आम आदमी

धूल धूसरित पड़ा धरा पर, आसमान का तारा हूँ,
आम आदमी कहो हमें, मैं भ्रष्टतन्त्र का मारा हूँ,
राजनीति के दल-दल में, खड़े हुए मेरे कन्धे पर
नेता अपसर-पूँजी वाले, प्रतिपल मुझको रुँद रहे हैं,
घोटालों के पहाड़ के नीचे, पिसता बेकल बेचारा हूँ।
धूल धूसरित पड़ा धरा पर, आसमान का तारा हूँ,

वैभव के हर लालकिले को, मैंने रक्त बिन्दु से सींचा,
लोकतन्त्र के महामहल भी, खड़े हुए हैं मेरे बल पर,
छला गया जो कदम-कदम पर, ऐसा भी दुखियारा हूँ।
धूल धूसरित पड़ा धरा पर, आसमान का तारा हूँ,

मुझको मेरा गगन चाहिए, आम आदमी मगन चाहिए,
जो न कभी धूमिल पड़ पाये दिल में ऐसी अग्नि चाहिए,
सदा दहकना चाहता है जो, मैं ऐसा अंगारा हूँ।
धूल धूसरित पड़ा धरा पर, आसमान का तारा हूँ,।
आम आदमी कहो हमें, मैं भ्रष्टतन्त्र का मारा हूँ।।

आदमी सहमा खड़ा है

जेब पर डाका पड़ा है, आदमी सहमा खड़ा है,
नेता, अफसर, पूँजी वाले, तीनों मिलकर लूट रहे हैं,
भ्रष्टाचार का महादानव सभी कुछ लीले पड़ा है।

आज के कुछ राजनेता धनवालों के हैं – पालतू,
राजनीति के नाम पर बातें बनाते फालतू,
नरपशु की पहिचान इनकी, गले में पट्टा पड़ा है।

दिख रहे हैं देवालय भी शैतानों की जागीर में,
भगवान भी मुर्दा पड़ा है, सुनहरी ताबूत में,
शैतानों ने वसन नौंचे सत्य भी नंगा खड़ा है।

सोच कर थाने गया था, रिपोर्ट लिखवायेगा,
हाथ खाली था रिपोर्ट भी न लिखी गई,
जंग खाई न्याय व्यवस्था कानून भी बिकता दिखा है।

व्यवस्था जरजर हुई है लुट रहा है आदमी,
कदम-कदम पर भ्रष्टाचार की मिल रही है बानगी,
न्याय-धर्म-इंसानियत का हर कहीं टोटा पड़ा है।।

विकास असन्तुलित हुआ देश में

कहीं पे लाखों महल अटारी, कहीं नंगे तन को वसन नहीं,
फुटपाथ पर मरने वालों की, लाशों को मिलता कफन नहीं,
भ्रष्टतन्त्र की लीला है, तकदीरों का खेल नहीं,
विकास असन्तुलित हुआ देश में, तभी हमारा सपना टूटा,
चाँदी हो गई बेइमानों की, आम आदमी पीछे छूटा,
बेइमानों की बस्ती में, जनता को मिलता न्याय नहीं।

गले पड़ा है खूनी पंजा, आ नहीं जाना बातों में,
देश हमारा बेच चुके ये धनवालों के हाथों में,
सत्ताधारी चोर हो गये इनका कोई धर्म नहीं,
दीनों का हक खा जाने में आती इनको शर्म नहीं।

देश सुरक्षित नहीं रह गया, भ्रष्टजनों के हाथों में,
काला धन ये ले जाते हैं स्वस बैंक के खातों में,
देश को कब धोखा दे जाये इनका कोई पता नहीं,
जन प्रतिनिध का तमगा लेकर कहते मेरी खता नहीं।

वाक युद्ध की महफिल सजती, राजनीति के चौबारे में,
द्वन्द-युद्ध की प्रक्टिस होती, संसद के गलियारे में,
लोकतन्त्र की मर्यादा का करते ये सम्मान नहीं,
झाड़ू मारो बेइमानों को, इनका कोई काम नहीं।।

भ्रष्ट तन्त्र को झाड़ू मारो

भ्रष्टतन्त्र को झाड़ू मारो, लोकतन्त्र की लाज बचा लो,
राजनीति की करो सफाई, आओ अब यह कसम उठालो,
देश की सम्पत्ति लूट रहे हैं, खून हमारा चूस रहे हैं,
बेइमानों को झाड़ू मारो तलवारों पर सान लगा लो।

रणभूमी में विगुल बजा है, अपने हाथों खडग उठा लो,
उस आलस को झाड़ू मारो सोया है जो दिल के अन्दर,
धर्म युद्ध में कूद पड़ो अब, आज तिंरगा हाथ उठा लो।
निडर बनो अहिंसा अपनाओ दिल के अन्दर प्यार बसा लो
अहंकार को झाड़ू मारो सच्चा लोकतन्त्र अपना लो।

बहुत पड़ा हैं कूड़ा करकट, इसको खत्ते तक पहुँचा दो,
हर बसर में खुद को पाओ, आम आदमी भी बन जाओ,
झाड़ू मारो भेद-नीति को जन सेवा का व्रत अपना लो,
हर कोने में झाड़ू मारो, लोकतन्त्र की राह बुहारो।

उच्च पदों पर जो बैठे हैं सत्ता के मद में ऐंठे हैं,
झाड़ू मारो उनके दिल पर, अहंकार के महल गिरा दो,
भ्रष्टाचार की चिता जलाओ हर घर में एक दीप जलाओ,
झाड़ू मारो भ्रष्टतन्त्र को नई व्यवस्था अब अपना लो,
राजनीति की करो सफाई आओ अब यह कसम उठा लो।।

लोकतन्त्र मुर्दा नहीं है

लोकतन्त्र की लाश को शमसान लेकर मत चलो,
ठहर जाओ दोस्तो! एक आश बाकी है,
भ्रष्टाचार के वाण से आहत पड़ा जो भूमि पर
वो संजीवन पायेगा, उम्मीद बाकी है।

हनुमान जो बूटी लाये जन हाथों में आ गई,
लोकतन्त्र जीवन्त होगा, शक न बाकी है,
बिन लड़े ही कभी ना हार मानो दोस्तो,
हम खड़े सीना अड़ाये, युद्ध बाकी है।

लोकतन्त्र के दुश्मनों को आज यह सन्देश दो,
लोकतन्त्र मुर्दा नहीं है – प्राण बाकी है,
राजनीति के छितिज पर अब भोर की लाली सजी,
कांधे पर सूरज उठा लो रात बाकी है।।

(अन्ना आन्दोलन)

अंतर्मन हुँकार उठा है

अंतर्मन हुँकार उठा है, नई लहर एक आयी है,
भ्रष्टाचार की चिता जलाने, भीड़ उमड़ कर आयी है,
देश जगा है राष्ट्र जगा है, युवकों का उत्साह जगा है,
सोया भारत जाग उठा है, परिवर्तन का बिगुल बजा है।
भ्रष्टाचार की चिता जलाने, भीड़ उमड़ कर आयी है।।

तेल पी गया, राशन खा गया, भ्रष्टाचार हर चीज खा गया,
सड़को सहित पुलों को खा गया, खेलों के स्टेडियम खा गया,
गरीबों की रोजी-रोटी खा गया, जानवरों का चारा खा गया,
सरिया सहित सीमेंट खा गया, विकास की हर चीज खा गया,
भ्रष्टाचार अब नहीं सहेंगे इसकी चिता जला के रहेंगे।
भ्रष्टाचार की चिता जलाने, भीड़ उमड़ कर आयी है।।

गाँधी ने इतिहास रचा था, गोरों से यह देश बचा था,
गोरे गये औलाद छोड़ कर, कालों की एक फौज छोड़ कर,
इन काले अंग्रेजों ने मनमानी लूट मचाई है।
भ्रष्टाचार की चिता जलाने, भीड़ उमड़ कर आयी है।।

कलमाडी एक चेहरा है, भ्रष्टाचार कहीं गहरा है,
भ्रष्टाचार के मोड़ बड़े है, कदम-कदम पर चोर खड़े हैं,
चोरों को मार भगाओ, भ्रष्टाचार से देश बचाओ।
भ्रष्टाचार की चिता जलाने, भीड़ उमड़ कर आयी है।।

इनको देखा उनको देखा देखो अपने आप को
राजनीति को स्वच्छ बनाओ बदलो अब इतिहास को
जब-जब विपत्ति पड़ी जनता पर, नई चेतना आई हैं।
अन्तरमन हुँकार उठा है, नई लहर एक आयी है।
भ्रष्टाचार की चिता जलाने, भीड़ उमड़ कर आयी है।।

तरुणाई का सिंह नाद

तरुणाई का सिंह नाद यह, निर्भय होकर जीने दो,
हमने जो आजादी पाई उसका अमृत पीने दो।

कुण्डली मार कर तुम बैठे हो, सत्ता का सुख भोग रहे हो,
जनता के हिस्से का अमृत चोरी-चोरी गटक रहे हो।

चाहे जितना जोर लगा लो, उगता सूरज ढक न सको गे,
विषधर चाहे जितने पालो, अमृतघट न छिपा सकोगे।

छलक गई जो अमृत बूँदे, उससे जीवन पाया है,
जनता का आक्रोश आज फिर, सड़को तक भी आया है।

नहीं बचोगे जनाक्रोश से, अंहकार दिखलाओगे,
सच कहता हूँ भूमि पड़ोगे, मिट्टी में मिल जाओगे।

भ्रष्ट हुए सब सत्ताधारी, लोकतन्त्र की राह बिगाड़ी,
इनका दम्भ दूर करने को, अब आयी जनता की बारी।

उठो साथियों शस्त्र उठाओ, आज हकीकत देखो भालो।
लोकतन्त्र के गद्दारों से बढ़कर अपना देश बचा लो।।

नारी शक्ति

रणभेरी बज उठी साथियो, राग भैरवी गाने दो,
दर्द दामिनी कड़क उठी है, दुर्गा रूप दिखाने दो।

हमने लाखों सितम सहे हैं, कदम-कदम पर छले गये हैं,
अबला बनकर बहुत जिये हैं, अब सबला बन जाने दो।

पोर-पोर में पीर पगी जो, होंठों तक भी आने दो,
दुष्ट दुशासन साड़ी खींचे, रौद्र रूप दिखलाने दो।

कब तक ढकोगे दिल के छाले, उनको अब रिस जाने दो,
होंठ सिलो मत चुप्पी तोड़ो, पीड़ा बाहर आने दो।

बदला नहीं बदलाव चाहिए, नारी को भी न्याय चाहिए,
सुलघ उठी सोई चिनगारी, जंजीरें पिघलाने दो।

घूँघट तज दो पर्दा छोड़ो, सड़ी-गली मर्यादा तोड़ो,
नारी शक्ति जाग उठी है, निर्भय गीत सुनाने दो।।

निर्भया काण्ड

दर्द दामिनी नमन तुम्हें हैं

नभ से एक सितारा टूटा, धरती माँ का आँचल गीला,
ओस नहीं आँसू की बूँदे, अन्तर मन की पीड़ा सींचे,
धरती अम्बर मिलकर रोये, लतिकाओं के वस्त्र भिगोये,
बादल में बिजली कड़केगी, याद तुम्हारी आयेगी,
दुख की बदली उमड़-घुमड़ कर, आँखों में घिर आयेगी।

अमा निशा में दामिनि बनकर, पथ का दीप जलाया तुमने,
जीवन अपना होम किया तब, सोया देश जगाया तुमने,
नारी की धूमिल गरिमा का, प्रश्न फिजा में छाया है,
आम आदमी जाग उठा है, ऐसा अलख जगाया है,
अदम्य शक्ति रूपा देवी तुम, पीड़ा का प्रतीक बन गई,
दर्द दामिनी नमन तुम्हें है, जनाक्रोश जगाया है,
जीवन अपना होम किया, तब सोया देश जगाया है।

भय से कांपे जिस्म लुटेरे, पटक सड़क पर तुमको भागे,
नहीं फर्क सत्ताधीशों में, जनाक्रोश से थर-थर कांपे,
चिता तुम्हारी सजा रात्रि में, मूहँ छुपा कर सरपट भागे,
कायरों की करतूतों का कच्चा भेद बताया है,
दर्द दामिनी नमन तुम्हें है, जनाक्रोश जगाया है।।

गाँधी कहे गौडसे से

गाँधी कहे गौडसें से, क्यों व्यंग्य वाण बरसाता है?
एक मिट्टी के भाण्डे हम, तू भी तो मेरा भ्राता है,
शदियों बीतीं युग बदले, फिर भी हम दोनों साथ चले,
मैं पूरब हूँ तू पश्चिम है, मैं उत्तर हूँ तू दक्षिण है,
भाग्य लेख इसको कहते, तू रहता मेरे संग-संग है,
जब-जब मैंने जन्म लिया, अपने सम्मुख तुझको पाया,
मैं लड़ूं लड़ाई जनता की, तू मुझको मार गिराता है।
गाँधी और गौड़से का बड़ा निराला नाता है।।

मैं जीवन से मुक्ति पाता हूँ, तू सूली चढ़ जाता है,
मैं सत्य अहिंसा का हामी, तुझे आतंकवाद ही भाता है,
मैं शान्ति गीत जब गाता हूँ, तू उत्पात मचाता है,
मैं समता-ममता की बात करूँ, तू द्वेष भाव फैलाता है,
मैं सब धर्मों के साथ चलूँ, तेरा खास धर्म से नाता है,
मैं चाहता हिल-मिल साथ रहूँ, तू मुझपर घात लगाता है।
गाँधी और गौड़से का बड़ा निराला नाता है।।

गाँधी तो सदा गाँधी है, तू बहुरुपिया बन जाता है,
आता रक्षक के भेष कभी, कभी मानव बम्ब बन जाता है,
आला सेवक मैं जगती का, तेरा शैतानों से नाता है,
चुम्बक के दो पोल है हम, अटूट हमारा नाता है,
मैं सत्य का दीप जलाता हूँ, तू जलता दीप बुझाता है।
गाँधी और गौड़से का बड़ा निराला नाता है।।

सत्ताधीशों के नाम

समाज के दुश्मनों को पहिचानो, इन्हे दिल के बीच बिठाओ ना,
हराम की तिजौरी भरने वालो से कदम ताल मिलाओ ना,
जो वादा करके आये थे, उससे ध्यान हटाओ ना,
मंहगाई पर अंकुश रखो, पर्दे में मुँह छुपाओ ना,
आम आदमी खुद को कहते, जनता का कष्ट मिटाओ ना।

चौकीदार बन कर आये, अब अंहकार दिखलाओ ना,
सच्चाई का आयना जो दिखलाये, उसको यूँ धमकाओ ना,
कूटनीति को रखो ताक पर, जनता के बीच में आओ ना,
भूख से पीड़ित जनता को लाली पॉप दिखाओ ना,
सुरताल को भी पहचानो, गर्दभ राग सुनाओ ना।

आदर्शों की रूपहली चादर से, मुर्दो की कब्र सजाओ ना,
उमंगे दुधमुँहे बच्चे की, जड़ता के खूँटे मत बांधो,
अन्ध भक्ति की घुट्टी भी, बचपन को घोल पिलाओ ना,
मुक्त गगन में उड़ने दो, इन्हें कूप मण्डूक बनाओ ना,
वाचाल जवानी को फिर से, ऐन्द्रिक राग सुनाओ ना।

अफीम धर्म की देकर के, रुढियों का गुलाम बनाओ ना,
सच्चाई को पहिचानो, अप्रासंगिक पाठ पढाओं ना,
आये हो मशीहा बनकर तो, सेठों की गुलामी से बचना,
जनता को लूटना चाहते हो तो, ऊपर वाले से डरना,
लूट-लूट जनता का पैसा, सेठों की तिजौरी मत भरना।
हराम की तिजौरी भरने वालों से कदम ताल मिलाओ ना
समाज के दुश्मनो को पहिचानो इन्हे दिल के बीच बिठाओ ना।।

आदमी को आदमी का दुश्मन बना रहे हैं

ये कैसी राजनीति है, हम कहाँ जा रहे हैं,

आदमी को आदमी का, दुश्मन बना रहे हैं,

संवेदना के दंश से, हम छटपटा रहे हैं,

खुले मंच पर आकर सवाल उठा रहे हैं,

ये कैसा लोकतन्त्र है हम कहाँ जा रहे हैं।

हराम की तिजौरियाँ, ये कौन भर रहे हैं,

लुट रहा है आदमी, शासक लुटा रहे हैं,

सफेद झूठ के साथ सियाह झूठ मिला रहे हैं,

वतन लुट रहा है, नेता लुटा रहे हैं,

देशी-विदेशी लुटेरों को फिर से बुला रहे हैं।

समाज के दुश्मनों से, हाथ मिला रहे हैं,

चोर-चोर मिलकर चक्कर चला रहे हैं,

जनता को फिर से, उल्लू बना रहे हैं,

मित्र धन्ना सेठों के, लाभ उन्हें पहुँचा रहे हैं,

उन्हीं के हितों की योजना बना रहे हैं।

झौंक कर मिर्ची जनता की आँख में,
घूँट पर घूँट कड़ुआ पिला रहे हैं,
नेता अफसर पूँजी वाले चक्कर चला रहे हैं,
जनता के हितों की होली जला रहे हैं,
तीनों मिलकर अपनी पूँजी बढ़ा रहे हैं,

अन्न के भण्डार जान बूझ कर सड़ा रहे हैं,
दारु बाजों को बेच कर नोट कमा रहे हैं,
भूख से पीड़ित उधर आम की गुठिली खा रहे हैं,
ये कैसा लोकतन्त्र है, हम कहाँ जा रह हैं,
आदमी को आदमी का दुश्मन बना रहे हैं।।

प्रतिनिधि बनकर धूर्त खड़े हैं।

प्रतिनिधि बनकर धूर्त खड़े हैं, सत्ता को भुजंग जकड़े हैं,
होली दिवाली बोर्ड टंगे हैं, नेता ए.सी. बीच खड़े हैं,
पोस्टर में है ईद मुबारक, प्रेम प्यार हो गया नदारद,
सेवक से मालिक बन बैठे, सत्ता के मद में हैं ऐंठे।
प्रतिनिधि बनकर धूर्त खड़े है, सत्ता को भुजंग जकड़े हैं।।

भ्रष्टाचारी सब अधिकारी, जनता जाये भाड़ में,
नेता मिलकर लूट रहे हैं, जनसेवा की आड़ में,
नीति में इनके खोट बड़े हैं, पहरे पर भी चोर खड़े हैं।
प्रतिनिधि बनकर धूर्त खड़े हैं, सत्ता को भुजंग जकड़े हैं।।

जल ही जीवन जल ही घर है, जल के अन्दर गुजर-बसर है,
मछली कब पानी पीती है, बोलो तुमने देखा हैं,
सत्ताधारी चोरी करते नहीं पकड़ में आते हैं,
इनकी काली करतूतों के किस्से ही बहुत बड़े हैं।
प्रतिनिधि बनकर धूर्त खड़े हैं, सत्ता को भुजंग जकड़े हैं।।

फूड सिक्यूरिटी बिल का फण्डा, एक अनौखा हथकण्डा है,
गरीब को गरीब रखने की, यह अनोखी साजिश है,
जनता दिखे भिखारी जैसी, खुद रोविन हुड बने खड़े हैं।
प्रतिनिधि बनकर धूर्त खड़े हैं, सत्ता को भुजंग जकड़े हैं।।

आर्थिक वर्ग-भेद की खाई, बड़ी हो गई आज बहुत ही,
भ्रष्टतन्त्र की लीला है यह, जनता बनी भिखारी जैसी,
फुटपाथ पर कोई पड़ा हुआ है, कहीं पे लाखों महल खड़े हैं।
प्रतिनिधि बनकर धूर्त खड़े हैं, सत्ता को भुजंग जकड़े हैं।।

नेता तो गद्दार हो गया

हमने जिसको अपना माना, वो नेता गद्दार हो गया,
भ्रष्टाचार बन गया कैंसर, लोकतन्त्र बीमार हो गया,
नेता अपसर मौज उड़ाये, सुख जतना का कहीं खो गया।
हमने जिसको अपना माना, वो नेता गद्दार हो गया।।

तन्त्रभ्रष्ट है नेता बौने, धन वालों के बने खिलौने,
इनकी काली करतूतों का, चिट्ठा खुलकर आम हो गया।
हमने जिसको अपना माना, वो नेता गद्दार हो गया।।

सत्ता के शिखरों पर बैठे, अंहकार में फिरते ऐंठे,
सत्ता का दलाल बना जो, नेता माला माल हो गया।
हमने जिसको अपना माना, वो नेता गद्दार हो गया।।

लोहा लूटा कोयला लूटा, धरती और अम्बर भी लूटा,
लूट-लूट कर बना लुटेरा, भ्रष्टाचार अब आम हो गया।
हमने जिसको अपना माना, वो नेता गद्दार हो गया।।

विकलांगों की बैसाखी खाये, जानवरों का चारा खाये,
जन मानस की करे अवहेलना, नेता ऐसा धूर्त हो गया।
हमने जिसको अपना माना, वो नेता गद्दार हो गया।।

सत्ताधारी चोर हो गये

सत्ताधारी चोर हो गये, हम भी इनसे बोर हो गये,
आओ इनको धता बतायें, राजनीति से दूर भगायें,
इनकी काली करतूतों के, चर्चे चारों ओर हो गये,
उनकी नेतागीरी चलती, धन्ना सेठों की पूँजी से,
नेता नहीं दलाल बने ये, चोरों से सरदार हो गये।
सत्ताधारी चोर हो गये, हम भी इनसे बोर हो गये।।

रीति खो गई नीति खो गई, आशा और परतीति खो गई,
मन्दिर मसिजिद गुरुद्वारे भी, शैतानों की जागीर हो गये,
कंटी झूठी, माला झूठी, मसिजिद की अजाने झूठी,
भाव बिना भगवान भी झूठा, आज सभी बेनूर हो गये।

धधक रही अन्तर की ज्वाला, क्या कभी बुझ पायेगी,
चिकनी-चुपड़ी बातों से क्या भूख कभी मिट पायेगी,
क्यों बैठे हो मुँह लटकाये, सपने क्यों कर चूर हो गये।

उठो साथियो खड़ग उठा लो, अपनी शक्ति को आजमा लो,
बार करो उन बेइमानों पर, भ्रष्टाचार में चूर हो गये।
सत्ताधारी चोर हो गये, हम भी इनसे बोर हो गये।।

राजनीति के रंगबाजों पर

हमने एक अचम्मा देखा, राजनीति के रंगबाजो पर कुत्तों का रंग चढते देखा,
कोई नंगा कोई पट्टाधारी राजनीति का कुशल खिलाड़ी,
एक टीवी की परिचर्चा में भौं-भौं करते लड़ते देखा,
डांट दपट कर गुर्राते और मुँह से झाग उगते देखा।

राजनीति को आसमान से कीचड़ बीच उतरते देखा,
हर दल में एक दलदल देखा, रक्त पुष्प जहाँ खिलते देखा,
राजनीति का कुत्सित चहेरा, आज सभी ने खुल कर देखा।

कुछ जनता को धोखा देकर संसद तक जो पहुँच चुके थे,
कूकर स्वर में गुर्राकर विरोधियों से भिड़ते देखा,
धनवालों के आगे पीछे उनको पूँछ हिलाते देखा,
मांश की बोटी के लालच में मुंह से लार गिराते देखा।

हुआ करेक्टर ढीला-ढाला तोड़ चुके घर की मर्यादा,
सहधर्मिणि को धता बता कर जिम्मेदारी से बचते देखा,
किसी रंगीले दीवाने से फोन पर रिस्ता जुड़ते देखा।

सेवा का व्रत लिया कभी था आज करेक्टर ढलते देखा,
सूँध चुके सत्ता की कुर्सी बारम्बार लपकते देखा,
हमने एक अचम्भा देखा, राजनीति के रंगबाजों पर कुत्तों का रंग चढ़ते देखा।।

गलियों का शेर

चाहे डोगी बोलो मुझको, या गलियों का शेर कहो,
वही पुरानी मेरी आदत, सौ फुट मुझसे दूर रहो,
आकाओं पर आँख उठाने वालो, कच्चा ही खा जाऊँगा,
गुस्से से बचना प्यारे, चौदह सुईयाँ लगवाऊँगा।

अन्ध भक्ति का आँखो पर चश्मा, पट्टा पड़ा वफादारी का,
पूँछ में भी बल रखता हूँ, मालिक की ताबेदारी का,
पट्टा पकड़ के जो भी घूमा, मैने उसको नाच नचाया,
गन्दी गलियों में ले जाकर, बदबू को भी खूब सूंघाया।

अपनी जाति के पशु-प्रेमी पर, अपना रंग चढ़ाता हूँ,
संगति में आने वाले को, रिस्तेदार बनाता हूँ,
भौंकने की कला बताकर, पुनः काटना सिखलाता,
यह कुदरत का नियम प्यारे, संगति का भी फल आता।

आकाओं पर पूँछ हिलाने वाले, कितने मुझसे देखे होगे,
गलियों-गलियों में शोर मचाते चेले चमचे देखे होगे,
आकाओं के हित पोषण में प्रतिक्रिया वादी बन जाता हूँ,
सेवा का फल मिल जाने पर नारे खूब लगाता हूँ।

ऐसा-वैसा नहीं समझना, मैं गलियों का शेर हूँ,
शेरों के कान कतर सकता हूँ, पर थोड़ा कमजोर हूँ,
अंग्रेजों की टांग चबाकर, अंग्रेजी पढकर आता हूँ,
तभी अजनबी पर चढ़ कर, हूऽ-हूऽ शोर मचाता हूँ।

चाहे डोगी बोलो मुझको या गलियों का शेर कहो,
वही पुरानी मेरी आदत, सौ फुट मुझसे दूर रहो।।

कुत्ते से बोली एक कुतिया

कुत्ते से बोली एक कुतिया, इधर-उधर मत ताका कर,
पतिव्रता बनना चाहती हूँ, मुझपर प्यार लुटाया कर,
बहुत कर चुका स्वामी भक्ती, कुछ तो अपना सोचा कर,
पूँछ हिलाता क्यों गैरों पर, मुझपर पूँछ हिलाया कर।

यह सुनकर कुत्ता गुर्राया, स्वर ऊँचा कर यौं चिल्लाया,
मैं मर्द हूँ बहुत रंगीला, सोच समझकर बातें कर,
ताक-झांक की फितरत अपनी, तू इतना तो सोचा कर,
कुत्ते कभी न गृहस्थ बन पाते, इधर-उधर मुहँ काला करते,
जहाँ कहीं टुकड़ा दिख जाता, वहाँ पहुँच कर पूँछ हिलाते।

स्वामी भक्ति में प्रवीण हैं, आगे-पीछे पूँछ हिलाते,
स्वामी के प्रति कोई आँख उठाये, यह कभी वो सह नहीं पाते,
धनवालों का पहिनकर पट्टा, उन्हीं के लिये बस पूँछ हिलाते,
इसी लिये कुत्ता कहलाते पीड़ा अपनों की समझ न पाते।

कुतिया ने कुत्ते ढिंग जाकर बड़े अदब से शीश झुकाया,
जैसी है कुत्तों की भाषा, पूँछ को इधर से उधर हिलाया,
प्यार से पंजा रखा पीठ पर प्रेम का अन्तिम बाण चलाया,
मजनू मेरा बड़ा हुआ तू, पद की कुछ तो गरिमा रख,

मनुष्यों में रहता आया है, उनसे भी कुछ सीखा कर।
मनुष्यों वाला चेहरा पाकर, कुत्ता पन भी भुला न पाया,
गृहस्थ धर्म को छोड़ के भागा, कुत्ता कल्चर को अपनाया।
अंहकार बस कुत्ते को प्यार की भाषा समझ न आयी,
झिड़क दिया उसने कुतिया को उसके साथ की गई ढिठाई।

त्याग दिया उसने कुतिया को, बेशर्में को शर्म न आयी,
दूर पड़ी थी जाकर कुतिया उसने अपनी प्रीति गंवाई,
प्रीति गई घर–द्वार भी छूटा साथ सभी से उसका टूटा,
आसमान सिर पर टूटा था दुःखी दिखाई देती कुतिया,
किसी आदमी के अन्दर जब कुत्तापन जीवित हो जाता,
धोखा देता वो अपनों को जन पीड़ा भी समझ न पाता।।

मित्र! हमारे चेहरे पर ये सब कुछ कितना साफ लिखा है।

मित्र! हमारे चेहरे पर ये सब कुछ कितना साफ लिखा है,
और नहीं कुछ खास लिखा है बस पिछला इतिहास लिखा है,
जुर्म किया पर्दे के अन्दर वो भी तो चुपचाप लिखा है,
मित्र! हमारे कर्म लेख को कुदरत ने क्या खूब लिखा है।

किसी सिन्दूर को धोखा देकर निकल पड़े हम अपने पथ पर
उस चेहरे को पढ़ कर देखो छल का ही परिताप लिखा है,
सूनी आँखों में वीराना पलकों पर अभिशाप टंगा है,
दिल के अन्दर झांक कर देखो धूमिल सपनों का पहाड़ खड़ा है।

राजधर्म को धता बताकर हमने भी एक पाप कमाया,
अटल सत्य जो टले न टाले हर पन्ने पर साफ लिखा है,
फिर भी हम कुछ समझन पाये अन्दर से रहते घबराये,
महावत के अंकुश के बल पर हाथी ज्यों चुप-चाप चला है,

ऐसा भी चेहरे के ऊपर किसी सुजन को साफ दिखा है।
अंहकार का पोषण पाकर दम्भ सदा चेहरे तक आता,
ज्यों कीचड़ के पोषण से कमल सदा पानी में खिलता,
कलुषित आदर्शों की चादर ओढे जब-जब ये इतिहास चला है,
तब-तब जनता पर आफत आयी ऐसा भी एक पाठ लिखा है।

तिनका-तिनका जहर समेटा वो भी तो चेहरे तक आया,
हंसी हमारी जहरीली है दर्पन को यह साफ दिखा है,
मुस्कानों में जहर घोल कर हमने जिस पर प्यार लुटाया, बिना
मौत मर गया बेचारा,
राजनीति का कलुषित चेहरा, अब तो सबको साफ दिखा है।

अभिशापित चरण धरती पर पड़ते तब-तब नई तबाही
आती,
रावण ने सीता को छल कर एक अनोखा पाप कमाया,
निज पत्नी की सम्मति को अंहकार वश समझ न पाया,
द्रोप सुता के अभिषापों से दुष्ट दुर्योधन बच न पाया,
इतिहास के हर पन्ने पर सब कुछ कितना साफ लिखा है।

कलयुग बीच कलंकी चेहरा एक नयी तबाही लाये,
किसी ग्रन्थ के हर पन्ने पर सब कुछ कितना साफ लिखा है,
साइन बोर्ड निज करतूतों का हर चेहरे पर साफ टंगा है,
मित्र! हमारे चेहरे पर भी एक सिन्दूरी पाप लिखा है।।

नेता जी बीमार हो गये

नमो-नमो का राग सुना जब गोआ को दरबार से,
नेता जी बीमार हो गये तपने लगे बुखार से
आज विपत्तिया भी भारी थी पटक्षेप की तैयारी थी,
राजनीति बेहोश पड़ी थी नेता जी लाचार थे।
नेता जी बीमार हो गये।।

राजनीति की बलिवेदी पर बकरे कितने-भेट चढ़ाये,
आयेगी अपनी भी बारी नेता जी क्यों समझ न पाये,
गरदन अपनी बचा रहे थे दो धारी तलवार से।
नेता जी बीमार हो गये।।

नेता जी ने दांव जो मारा इस्तीफा अपना दे मारा,
कोप भवन में लेट गये वो बनकर के बीमार से।
नेता जी बीमार हो गये।।

उन्हें मनाने नेता आये शहद की बोतल साथ में लाये,
बारी-बारी चटा रहे थे नेता जी बीमार थे।
नेता जी बीमार हो गये।।

मोहन जी ने फोन घुमाया भगवत का एक पाठ पढ़ाया,
बची-खुची मत शाख गंवाओ स्तीफा वापस मंगवाओ,
नेता जी को समझ आ गई तुरत हुए तैयार थे।
नेता जी बीमार हो गये।।

नेता जी ने लाभ कमाया भीष्म बाबा का पद पाया,
बोले शकुनी को बुलवाओ चौपड़ का एक दांव सजाओ,
पांण्डव से सत्ता छीनेगे हम मोहरों की चाल से।
नेता जी बीमार हो गये।।

शाख गिरी और कुनबा टूटा राम से नाता निकला झूठा,
चोटिल अंहकार की पीड़ा नेता जी का धीरज टूटा,
नेता जी गमगीन हो गये दिखने लगे उदास से
नेता जी बीमार हो गये तपने लगे बुखार से।।

राजनीति का खेल निराला

राजनीति का खेल निराला, पिटता है निर्दोष पियादा,
राजा-रानी मौज उड़ाते, और वजीर भी चारा खाते,
घोटालों पर घोटाले हैं, जनता को राशन के लाले।

सत्ता पर जो चेहरे आते, वो भी हैं किसी के मोहरे,
खेल खेलते पैसे वाले, मोहरों पर जो दांव लगाते,
कभी चुनावी वेला में, पैसे भी भरपूर लुटाते।

सत्ता पर जो मोहरे आते, उनके हित की रक्षा करते,
छीन-छीन जनता से पैसा, धन वालों का घर भरते,
भ्रष्टाचार का चढ़ गया पारा, आम आदमी बना बेचारा,

राजनीति का खेल निराला पिटता है निर्दोष पियादा।।

राजनीति की कला सिखा दूँ

आओ तुमको राज बता दूँ, राजनीति की कला सिखा दूँ,
चेहरे पर मुस्कान सजा लो, दिल के अन्दर चोर बिठा लो,
भेद नीति को गले लगाओ, आस्तीन में विषधर पालो।
कुटिल नीति की चाल सिखा दूँ।।

कभी भीड़ में यदि मुख खोलो, चिकनी चुपड़ी वाणी बोलो,
सच्ची झूटी बात बनाओ, नफरत की नित फसल उगाओ।
राजनीति का मन्त्र बता दूँ।।

कभी कहीं यदि झगड़ा पाओ, बढकर अपनी टांग फंसाओ,
झगड़े को कुछ यौं निपटाओ बाहुबली तुम ही कहलाओ।
कुटिल नीति का मन्त्र बता दूँ।।

हाई कमान को सम्मुख पाओ, चरणों में जा शीश झुकाओ,
चापलूसी की कला दिखाओ आगे-पीछे पूँछ हिलाओ।
सत्ता की यह रीति बता दूँ।।

आओ तुमको राज बता दूँ,
राजनीति की कला सिखा दूँ।।

राजनीति है अललल टप्पू

राजनीति है अललल टप्पू, कोई फेंकू कोई पप्पू,
भाग रहे कुर्सी के पीछे आगे फेंकू पीछे पप्पू।

पप्पू बोला बात निराली कुर्सी के हम ही अधिकारी,
यह तो है जागीर हमारी मीन मेरे पुरखों ने मारी,
तभी से कुर्सी हुई हमारी, दूर हटो कुर्सी से फैंकू।

फैंकू जाल फेंकता बोला कुर्सी के हम ही अधिकारी,
हमने पूरी करी तैयारी अब आयेगी हमरी बारी,
चला रहा मैं कब से चप्पू दूर हटो कुर्सी से पप्पू।

पप्पू ने कुर्सी को जकड़ा भाव खा गया था वो तगड़ा,
बोला फैंकू होश में आना कुर्सी पर ना आँख गड़ाना,
मधुमक्खी के छत्ते जैसी कुर्सी है मम्मी की मौसी।

फैंकू बोला बांह चढाकर पप्पू को यों आँख दिखा कर,
मधुमक्खी नहीं सुलक्षण नारी कुर्सी है मेरी महतारी,
मैं उसका हूँ प्यारा गप्पू दूर हटो कुर्सी से पप्पू।

फैंकू पप्पू गुथम-गुत्था लगा रहे कुर्सी को धक्का,
दोनों कुर्सी जकड़ रहे थे माथा अपना पकड़ रहे थे,
कोरी के घर लट्ठम-लट्ठा कैसे आये हाथ में सत्ता।।

चाँद की उदासी

सूरज दादू चाँद से बोले, क्यों रहते हो सुमन उदास,
क्यों चाँदनी धूमिल रहती, छीज रहा क्यों कोमल गात?
ओस हिमानी ढले आँख से, ठण्डी पड़ती जाती श्वास,
घेर रही घनघोर कालिमा, गम की बदली रहती पास,
कहीं कालिमा निगल न जाये, मेरी चिन्ता का यह राज,
चाँद उनींदी आँखे खोलो, आलस त्यागो कुछ तो बोलो।

स्वर्ण रश्मियों को छूकर जब एक निराली आश जगी,
तम की काली रात ढली तो एक सुहानी भोर उगी,
होले-होले तभी छितिज पर निकल रहा था मोहक चाँद
ईद की खुशियाँ लेकर आया द्वितिया का वह प्यारा चाँद।

शिव शंकर के सिर चढ़ बोला वही दूज का मनहर चाँद,
मानवता जब कलुषित होती, मानव बन जाता हैवान,
दशों दिशाऐं धूमिल और प्रदूषित हो जाती हर तान,
अंधकार के राहू केतु का बने ग्रास तब भोला चाँद।।

दहेज प्रथा अभिशाप है

दहेज प्रथा अभिशाप है, लेना-देना पाप है,
यह कलंक है मानवता का, प्रतीक चिन्ह है दानवता का,
नारी के सम्मान को सदा कंलकित करता आया,
धन के लोभी पापिओं के, घर में सम्पत्ति भरता आया।

इसकी शूली पर चढ़ कर कितनी बहुयें कुर्वान हुई,
तिल-तिल मरती घर के अन्दर अपनों ही से छली गई।

आओ अब संकल्प करें, दहेज का देना बन्द करें,
दहेज लोभी पापिओं का, शोसल बाई काट करें।

तभी बनेगा उज्जवल भारत, महिलाओं का सुन्दर जीवन,
भली लगेगी हाथ की मेंहदी, प्यार से मंहकेगा हर कंगन।

जो दहेज की हामी भरते, इसको महिमा मण्डित करते,
साहित्य जगतके उन पोथों पर, अब न कभी विश्वास करें।

दहेज प्रथा अभिशाप है लेना-देना पाप है।
यह कंलक है मानवता का, प्रतीक चिन्ह है दानवता का।।

विश्व महिला दिवस

घूम रहे हो उपवन में, हंसते फूलों को मत देखो,
पुष्पित करने वाले माली का, कुछ श्रमदान परेखो।

दूल्हा बनकर चले बिहाने, दुल्हनि का श्रृंगार न देखा,
मूल सत्य को पहिचानों, माँ-बाप का प्यार भी देखो,

मस्त बाराती नाच रहे है वाध्य यन्त्र की थापों पर,
उन्हें बजाते हाथों में पड़े हुए छाले भी देखो।

बने पुजारी मन्दिर बैठे, थाली में तर-माल न देखो,
थाल सजा कर जो लायी है, उस दुखिया का हाल तो देखो।

उन वादों को भुला न देना जिनसे तुमने शासन पाया,
सत्ता-सुख में हुए दीवाने ठाठ-वाट कैसा अपनाया?

भूखे पेट सोये लोगों की पीड़ा का पारावार तो देखो,
दीन-दलित-शोषित जनता के चूल्हे का कुछ हाल तो देखो।

विश्व महिला दिवस पर आकर, चिकने-चुपड़े गाल न देखो,
अन्ध कूप में आहे भरती एक नारी का हाल तो देखो।

सिन्दूर की लाज बचाने वाली सन्नारी का त्याग तो देखो,
कोख मरते सपनों का मौन पड़ा शमशान तो देखो।।

ऋतुराज का शासन आ गया

बिना भंग और बिन दारू के, नशा निराला छा गया,
मस्ती में द्रुम झूम रहे हैं, ऋतुराज का शासन आ गया।

ऋतु पति ने जब वाण चलाया, कलियों ने घूँघट सरकाया,
गोरी के कोमल गालों पर रंग गुलाबी छा गया।

अली कली के संग में झूमे, बार-बार मुखड़े को चूमे,
परिरंभ कुम्भ की मदिरा छलकी, रूप का जादू छा गया।

प्रीति की वाणी कोयल बोली, नव कलियन संग करे ठिठोली,
कर सोलह श्रृंगार नवेली, दर पर प्रियतम आ गया।

छतियन बीच चमेली फूली, गालों में गुलाल सिंदूरी,
प्रेम राग अधरों तक आया, अंग-अंग महका गया।।

नाच रही कैसे कठपुतली

नाच रही कैसे कठपुतली, किसी और के हाथों में,
ठुमक-ठुमक कर नाच दिखाती, हाव-भाव से हमें लुभाती,
बेचारी की डोर बंधी है किसी और के हाथों में।

राजनीति के रंग मंच पर दिखते कितने मनहर चेहरे,
उच्च पदों पर जो बैठे हैं, वो भी हैं किसी के मोहरे,
उनकी डोर बंधी रहती है दाताओं के हाथों में।

चुनावी मुहिम चलाई जाती धन वालों के खातों से,
ब्लेक मनी भी मिल जाती है काले धन्धे वालों से
सत्ता की कठपुतली नचती किन्हीं चुनीदा हाथों में।

नेता अपसर-पूँजी वाले सांठ-गांठ का खेल रचाते,
जनता को भ्रमित करके लोकतन्त्र को भ्रष्ट बनाते,
काले-धन्धों की खिचड़ी पकती इन्हीं चुनीदा हाथों में।

देश को मिलकर लूट रहे हैं, चिकनी चुपड़ी बातों में,
डोर बंधी रहती है इनकी काले चोरों के हाथों में,
नाच रही कैसे कठपुतली किसी और के हाथों में।।

होली में मृदंग बाजे राजनीति के संग

अबकी होली में मृदंग, बाजे राजनीति के संग,
राजनीति के शुकर-शनीचर, रिश्वत वाली दारू पीकर,
पूरे बने मलंग।
अबकी होली में मृदंग बाजे राजनीति के संग।।

घोटालों वाली कालिख लेकर, एक दूजे के मुख पर मलकर,
नेता बने भुजंग।
अबकी होली में मृदंग बाजे राजनीति के संग।।

संसद की मर्यादा भूले, शर्म-हया को घोल के पी गये,
संसद के गलियारे में, मचा रहे हुड़दंग।
अबकी होली में मृदंग बाजे राजनीति के संग।।

तन के उजले मन के काले, करते हैं नित गये घोटाले,
इनकी काली करतूतों से, जनता आयी तंग।
अबकी होली में मृदंग बाजे राजनीति के संग।।

नींद से जनता जगेगी धीरे-धीरे

नींद से जनता जगेगी धीरे-धीरे, घोटालों से मुक्ती मिलेगी धीरे-धीरे,
सोचा न समझा देखा न भाला, घोटालों ने इनके हमें मार डाला,
घोटालों से पर्दा उठा है धीरे-धीरे।

लोहा घोटाला, कोयला घोटाला, बिजली के बिलों ने निकाला दीवाला
घोटालों का नस्तर चुभा है धीरे-धीरे।

नेता अपसर-पूँजी वाले, करते है नित नये घोटाले,
घोटालों की फसल उगी है धीरे-धीरे।

घोटालों से मुक्ति अगर चाहते हो, सत्ता पर अपना दखल चाहते हो,
चोरों की सत्ता हटाओ धीरे-धीरे।

आओ मित्रो कसम उठा लो, बेइमानों से देश बचा लो,
इनको जनता की मार लगेगी धीरे-धीरे।।

दिल के अन्दर भाव जगा है
भंगिया पीते-पीते।

दिल के अन्दर भाव जगा है, भंगिया पीते-पीते,
शैतानों से कौन बचा है, इस अम्बर के नीचे,
शैतानों से प्यार हो गया आँसू पीते-पीते।

कभी-कभी इस दुनियाँ में शैतान भी पूजे जाते हैं,
भेष बनाकर साधू का जब-जब सत्ता में आते हैं,
साधू-शैतानों संग एक वरन है दोनों ऊपर नीचे।
शैतानों से प्यार हो गया आँसू पीते-पीते।।

कदम-कदम पर आज यहाँ, बस शैतानों का पहरा है,
सत्ताधारी लोगों से रिश्ता भी कुछ गहरा है,
शैतानों का रंग चढ़ा है हम पर धीरे-धीर।
शैतानों से प्यार हो गया आँसू पीते-पीते।।

आदम-हब्बा निर्वसन भोगते सारे सुख जन्नत के,
शैतानों ने पाठ पढ़ाया वर्जित फल भी उन्हें खिलाया,
शैतानों का चक्र चल गया बीते दिन खुशी के।
शैतानों से प्यार हो गया आँसू पीते-पीते।।

दिल को हमने लाख मनाया, ऊँच-नीच सारा समझाया,
अदर्शवाद को खूँटी टांगो या लटकाओ छींके,
शैतानों को गले लगाओ आँसू पीते-पीते,
शैतानों से प्यार हो गया आँसू पीते-पीते।।

समय ने जब करवट बदली तो

समय ने जब करवट बदली तो, एक नया परिवर्तन देखा,
वीतरागिणी माँ धरती ने, क्या-क्या वक्त गुजरते देखा,
तख्त और ताज बदलते देखा, बूढा सूरज ढलते देखा,
परिवर्तन ही नियम सृष्टि का, ज्वार का जल उतरते देखा।

नशा हो गया था सत्ता का, उनका नशा उतरते देखा,
गगन चुम्बी राजमहल का खुद पर रोता खण्डहर देखा,
घड़ा पाप का भरते देखा, अहम् का रावण मरते देखा।

एक महायोद्धा को फिर से भ्रष्टाचार से लड़ते देखा,
सिहं सपूतों को भी हमने अत्याचार से भिड़ते देखा,
घना अंधेरा छट जाने पर शुबह का सूरज उगते देखा,
चमचों और चाटुकारों को इधर से उधर लुड़कते देखा।

निभर्य होकर हर नाविक को तूफानों से लड़ते देखा,
अमर शहीदों की वाणी को चिंगारी में ढलते देखा,
बहुत सुन चुके आना कानी क्यों खाते हो फिर से धोखा,
धरती धन्य तभी होगी जब स्वराज को मिलेगा मौका।।

आम आदमी को मिले कमान

बोल रहा अब हिन्दुस्तान, आम आदमी को मिले कमान,
आम आदमी को मिले कमान, तभी बनेगा देश महान,
बेइमानों ने ऐसा लूटा, अब जनता का धीरज टूटा
इनके जुल्म सितम के कारण, रोता है मजदूर किसान।

भ्रष्टाचारी सत्ताधीशों ने अपने-अपने महल बनाये,
खून चूस कर इंसानों का सत्ता के मद में बौराये,
मुक्ति इनसे मांग रहा है आज देश का हर इंशान।

सत्ता पर जो ढोंगी आते, ढोंग नया अपना दिखलाते,
झूठा सब्जबाग दिखलाकर, बार-बार ये पलटी खाते,
ढोंग भरी इनकी चालों से, मुक्ती चाहता हिन्दुस्तान।

आम आदमी जब आयेगा, स्वराज की ज्योति जलायेगा,
पीड़ित और उपेक्षित जनता को हक उसका दिलवायेगा,
इसी लिये तो ऊँचे स्वर से बोल रहा है हिन्दुस्तान,
आम आदमी को मिले कमान तभी बनेगा देश महान।।

भगत सिंह के अरमानों का बोलो किसने खून किया

लहू शहीद का बोल रहा है, मुझको कैसा सिला दिया,
भगत सिंह के अरमानों का बोलो किसने खून किया।
मजदूरों को काम न मिलता, फाँसी लटका मिले किसान,
हिसाब सभी चुकाना होगा, मेरे भारत देश महान,
मजदूरों और किसानों का बोलो किसने लहू पिया,
भगत सिंह के अरमानों का बोलो किसने खून किया।

साम्प्रदायिकता का ताण्डव होता, गली-गली हुड़दंग,
वाणी भी दूषित हुई बिगड़ गये सब ढंग,
उन्मादी मानसिकता ने जहर फिजा में घोल दिया,
अजादी के परचम को कैसा खूनी रंग दिया।
भगत सिंह के अरमानों का बोलो किसने खून किया।।

अमर शहीदों का सपना था, कोई राजा-रंक न होगा,
सबके पेट में रोटी होगी, सुन्दर सा एक घर होगा,
हंसते-हंसते वीरो ने फांसी का फन्दा चूमा था,
जेलों की प्राचीरों से इन्कलाब स्वर गूंजा था,
आजादी का बिगुल बजाकर जो दुनियां से चले गये,
अमर शहीदों की कुर्बानी का हमने कैसा सिला दिया,
भगत सिंह के अरमानों का बोलो किसने खून किया।।

जो जन नायक थे, जनता के सच्चे प्रतिनिधि थे,
स्वतंत्राता की वेदी पर प्राण होम कर चले गये,
काले चोर सत्ता में आये जन पीड़ा जो समझ न पाये,
सत्ता के भूखे भेड़ियो ने मेहनतकश लोगों का खून पिया।
भगत सिंह के अरमानों का बोलो किसने खून किया।।

भगत सिंह से कहे हगत सिंह

भगत सिंह से कहे हगत सिंह, हम तुम दोनों शेर है,
तुम केवल मात्र शेर हो, मैं शेरों का शेर हूँ।

मेरे पराक्रम के आगे, तुम कितने कमजोर हो,
मैं सत्तासुख भोग रहा हूँ, तुम बियाबान में खोये हो।

देश प्रेम की भावुकता में, तुम शूली चढ़ जाते हो,
यह मौका जब आता है, मैं टॉइलिट में छिप जाता हूँ।

सत्ताधीशों पर पूँछ हिलाकर, अपनी जान बचाता हूँ,
अनकूल परिस्थित पाकर, फिर शेर सिंह बन जाता हूँ।

गालों का ढोल बजाकर, फिर महानायक बन जाता हूँ,
भगत-हगत का मेल बताकर, श्रेय सभी ले जाता हूँ।

खुद को सिंह सिद्ध करने को, सीना खूब फुलाता हूँ,
जहाँ जरूरत जैसी हो, मुखौटे वही लगाता हूँ।

तरह-तरह के पहिन मुखौटे, जन संवाद में आता हूँ,
अपना स्वर्थ सिद्ध करने को, जुमले खूब सुनाता हूँ।

फलदार वृक्ष लगाने वाला, फल न कभी खा पाता है,
हगत सिंह टॉइलिट से आकर, अपना दखल जमाता है।।

रक्त बीज 'निराला'

अग्नि सीने में दबाये, विद्रोह का परचम उठाये,
अनवरत चलता रहा, आँधियों तूफान आकर,
दृढ़ संकल्प से टकराते रहे, डालियाँ हिलाते रहे,
वृक्ष स्थिर था, स्थिर ही रहा।

महादेवी का स्नेह मिला, पंत का भी साथ था,
कुछ कदम चलकर, कारवां मुड़ता गया,
फासला बढ़ता गया, तो अकेला ही चला,
बस चलता रहा।

क्या छूटा क्या पाया, इसकी न परवाह थी,
ओजस्वी स्वर साधना में, वो 'निराला' था निराला ही रहा,
महाप्राण बनता गया, साहित्य को आकाश से,
यथार्थ की जमीन पर, उतारता गया।

पूजा की थाली उठाये, माथे पर त्रिपुण्ड सजाये,
बगुला-भक्ती के विरुद्ध था, सामन्ती अहंकार को,
नैतिकता के ढोंग को, अपना न पाया,
फिर भी सिद्ध था।

राम का ढोंगी पुजारी नहीं, शक्ति का साधक बना,
राम की तरह ही, राक्षसी शक्तियों से लड़ता रहा,
'राम की शक्ति पूजा' का प्रतिबद्ध वाहक बना,
प्रेरणा उन्हीं से लेता रहा।

धेला कभी न पास था, शंकर सा, अबढर दानी बना,
निराला की माँ बनकर, कोई भिखरनि भूखी फिरे,
इतना न स्वीकार था, सर्वस्व लुटा आया,
खुद भूखा रहा, हड्डियाँ गलाता रहा,
विद्रोह का परचम उठाये, अनवरत चलता रहा।

अभाव ग्रस्त जिन्दगी थी, पत्नी काल कवलित हुई,
इसकी न परवाह की, पर बिटिया की मौत से
अन्तरमन घायल हुआ, 'सरोज स्मृति'
घनीभूत पीड़ा बनकर, आँसूओं में बह चली,
व्याकुल मन विक्षिप्त हुआ, और होता ही रहा,
हाथों में पत्थर उठाये, विद्रोह की अग्नि सीने में दबाये,
कदम बहकने लगे, और बहकते ही गये।

बेटी के विवाह की, डोली में बिठाने की चाह,
सीने से सटाये, पागल पन की डगर पर चल पड़ा,
चलता ही गया।

क्या वह सचमुच पागल था? या दुनियाबी रस्मों को समझ न पाया,
मानव-सुलभ चातुर्य भी, सीख न पाया, कुछ भी संजोकर,
रख न पाया, सभी कुछ लुटाता रहा, जोड़-तोड़ कर खुद को,
स्थापित न कर पाया, भाण्ड बनकर दुनियाँ को, रिझा न पाया।

नग्न जिस्म पर, कुदरतका चाबुक सहता रहा,
जिस्म संवेदना शून्य होता रहा, संवेदना की चोट से,
अन्तर मन छटपटाता रहा, हाथ में पत्थर उठाये,
सामन्ती परिवेश से लड़ता रहा।

कोई 'कपिजी' कहकर चिढ़ाता, वो पत्थर उठाता,
ऐसी ही मनोदशा में, एक दिन चल गया।

शायद रक्त बीज, बन चुका था वह,
तभी तो चौक-चौराहों पर पागलों की एक भीड़ है,
जो सामन्ती हबेलियों के, खण्डहरों से,
पत्थर उखाड़-उखाड़ कर, आसमान में उछाल रही है,
और तब तक, उछालती रहेगी, जबतक कि ये, निशां अवशेष है।।

मेरी कविता

अन्तर मन में पीर पगी जो, आँसू बनकर बरस रही है,
शब्दों की सीढ़ी के सहारे, कविता मेरी उत्तर रही है,
हाथों में वर माला लेकर, द्वारे-द्वारे भटक रही है,
आँसू का जो मोल परेखे, ऐसा नायक खोज रही है।

नेता सभी दलाल मिले, पूरे नाटक बाज मिले,
भूखों को उपदेश सुनाते, धनिकों के पहरेदार मिले,
कैसे उनको गले लगाये, जो गैरों के साथ मिले,

सत्ता के मन्दिर में बैठे, सोने के भगवान मिले,
रिश्वत का प्रसाद गटकते, कितने बेईमान मिले,
उनको कैसे तिलक लगाये, शैतानों के साथ मिले।

सत्ता की ऑगन बाड़ी में, चमचे कई हजार मिले,
सत्ताधीशों के चरण चूमते, चमचों के सरदार मिले,
भड़वा बनकर खड़े हो गये, विजय हार कैसे पहिनाये,
अपना कैसे उन्हें बनाये, वरमाला कैसे पहिनाये।

लोकतान्त्र के चौराहे पर, कविता मेरी खड़ी हुई थी,
रास्ता कौन किधर को जाये, राहगीरों से पूछ रह थी,
तभी वहाँ एक मंजनू आया, दीवाना खुद को बतलाया,
नयन नचा कर वो यौ बोला, चोर हूँ मैं चोरी मेरा काम,
दिल को चुराता आया हूँ, दुनियाँ में हूँ बदनाम,
कविता ने उसको समझाया, अपनी चाहत का मर्म बताया,
चोर उचक्का नहीं चाहिए, चिड़ी का छक्का नहीं चाहिए,
नचकुद्दा भी नहीं चाहिए, नकली हीरो नहीं चाहिए,
युवकों को बहकाने वाला, कापुरूष भी नहीं चाहिए,
परे हटो तुम हवा आन दो, तुमसा मंजनू नहीं चाहिए।

तभी एक स्वर गूँज उठा था, कविता मेरी ओर निहारो,
इस दुनियाँ का असली हीरो, धन कुबेर कह मुझे पुकारो,
नेता, अफसर सभी हमारी, एक जेब में रहते हैं,
मेरे हित की ही बातें सारे मिलकर करते हैं।

राजनीति है गिरबी मेरी, नेता सभी गुलाम हमारे,
चुनाव लड़े जाते हैं, मेरी ही पूँजी के सहारे,
आसमान में उड़ने वाले, मेरे दम पर उड़ते हैं,
और पुनः आकर मेरी चौखट पर नाक रगड़ते हैं।

राजा को मैं रंक बना दूँ, जिसे कहो शूली लटका दूँ,
अंलकार से गला सजा दूँ, अंग-अंग माणिक लटका दूँ,
वर माला मुझको पहिना दे, महारानी का पद दिलवा दूँ,

सुनकर कविता की मौंह तन गई, चिन्गारी आँखों में जल गई,
बहुत घमण्ड है तुम्हें-तुम्हारी अपनी भड़वा गीरी पर,
ऐंठे फिरते हो तुम कितने भ्रष्टाचारी पूँजी पर,
भ्रष्टाचार के तुम्हीं प्रणेता, लोकतन्त्र के हो हत्यारे,
सांठ-गांठ कर तुमने, पूँजी का अम्बार लगाया,
नेता और अपसरों को भी, भ्रष्टाचार का पाठ पढ़ाया,
खाली हाथ धन्धे में आये, बैंको को कंगाल बनाया,
लूट लिया धन सांठ-गांठ कर, अर्थ तन्त्र को भ्रष्ट बनाया,
अपना तुम्हें बनाकर, कैसे भ्रष्टाचार पर मोहर लगा दूँ,
जिस दिन दौलत के पलड़े में भोली कविता तुल जायेगी,
उसी दिन इस जगती से इंसानियत मिट जायेगी।

तभी वहाँ एक युवक पधारा, आहत मन था बेचारा,
कविता ने उसको पास बुलाया, अपना सारा पाथेय खिलाया,
बोल उठा आफत का मारा, धन्यवाद हें सखी तुम्हारा,
अपनी मंजिल अब जाने दो अपना नीड़ बनाने दो,
ठहरो! आगे मत कदम बढ़ाओ, मेरी संगत में आ जाओ,
भग्न हृदय तुम आहत मन हो, अपनी ही पीड़ा में गुम हो,
मैं पीड़ा की निकट सहेली ढूँढ रही अपना हम जोली,
मानव मन की पीड़ा का सच्चा साधक ढूँढ रही हूँ,
संवेदन-सम्पन्न व्यक्ति को प्यार से गले लगाऊँगी,
वरमाला उसको पहिनाकर अपना पीर बनाऊँगी,
जनपीड़ा को भोग चुके तुम, इसके आगे और बढ़ो,
मानवता है पड़ी कैद में, मुक्ति हेतु संघर्ष करो,
आओ तुमको गले लगा लूँ, एक नया इतिहास बना दूँ,
रावण की लंका का तुमको, एक नया हनुमान बना दूँ।।

देश डिजीटल हुआ हमारा

मियां मल्हारे सिरसा वाले, अब बन जाओ अपटूडेट,
ऑन लाइन मिला करता है, आटा-दाल सरसों का तेल,
देश डिजीटल हुआ हमारा, सब कुछ लेलो रेडीमेड,
रेडीमेड कपड़े मिल जाते, दूल्हा मिलता रेडीमेड,
जेब तुम्हारी हो यदि भारी, अवसर पाओ रेडीमेड,
रेडमेड पुत्र मिल जाता, पत्नी मिलती रेडीमेड,
इधर की लाइन उधर मिलाओ, पैरोड़ी का गीत बनाओ,
कलम कार बनना चाहते हो, कविता लेलो रेडीमेड।

मुन्ना एक बारात में पहुँचा, वहाँ अनौखा कौतुक देखा,
बेटे का बाप गुस्से में आया, लड़की वालो को हुकम सुनाया,
फेरों से पहले कार दिलाओ, तब लड़की के फेरे डलवाओ,
लड़की का बाप विपत्ति का मारा, बोल उठा बन कर बेचारा,
मैंने लड़की को योग्य बनाया, पढ़ा-लिखा विदुषी बनाया,
रस्में सभी निभाऊँगा पर कार नहीं दे पाऊँगा,
समधी बोला लड़के वाला अपना खूब चढ़ाया पारा,
अपने आप को गिरबी रख आओ लेकिन मुझको कार
दिलाओ।

यह सुन लड़की को गुस्सा आया असने घूँघट तुरंत हटाया,
बोली मैं ना विवाह रचाउँ, दहेज लोभियों के घर न आऊँ,
दहेज की भेंट न चढ़ पाऊँगी, क्वारी ही मर जाऊँगी,
एक दुहाई फेर रही हूँ, लाज-शर्म तज बोल रही है,
कोई मर्द निकल कर आये बिना दहेज जो विवाह रचाये,
जाति के बन्धन तोड़ रही हूँ, विद्रोह की वाणी बोल रही हूँ,
मुन्ना की अकल ने गोता खाया, उसकी नहीं समझ कुछ आया,
दुम दबा कर मुन्ना भागा, अपनी जान छुड़ा कर आया।

साहसी युवक निकल कर आया उसने बीड़ा तुरंत उठाया,
चाहे बड़ी मुशीवत आये, या बिजली ऊपर गिर जाये,
मानवता की लाज बचाऊँ, बिना दहेज मैं विवाह रचाऊँ,
लड़की ने दूल्हे को धक्का मार, उसके सिर से मुकुट उतारा,
साहसी युवक को शेहरा बन्धवाया, अपना शौहर उसे बनाया,
ना रस्में न कोई झंझट दूल्हा मिल गया रेडीमेड,
दहेज लोभियों की हुई किरकिरी जूते पड़ गये रेडीमेड।

मुन्ना भाई बड़ा सयाना, बाप भी लाया रेडी मेड,
चाल चरित्र और चेहरा ढीला, बनकर रहता रेडीमेड,
रोज स्कूल से गायब रहता और खेलता दूषित खेल,
मैडम जीने उसे बुलाया नैतिकता का पाठ पढ़ाया
बोली कल पापा को लाना वरना तुम्हें करूँगी फेल,
मुन्ना ने कमाल दिखाया व्यक्ती एक पकड़ कर लाया,
जेब में उसकी नोट गिराकर बाप बनाया रेडीमेड,
रेडीमेड बाप को लेकर जा पहुँचा मेडम के सम्मुख,
बोला पापा को ले आया रोने का भी मूड बनाया।

मैडम जी ने हुकुम सुनाया, पापा जी को यह बतलाया,
बेटा आपका काम न करता स्कूल से भी गायब रहता,
ऊँच-नीच इसको समझाओ या स्कूल से नाम कटाओ,
पापा जी ने मारा धक्का मुन्ना को चरणों में पटका,
बोले मेडम से माफी मांगो और नियम से स्कूल आओ,
रेडीमेड उनका गुस्सा था थप्पड़ मारा रेडीमेड,
मुन्ना भी नाटक का पक्का रोना उसका रेडीमेड,
परीक्षा में बैठने की इजाजत पाई, फेल हो गया रेडीमेड,
फिर भी उसने हार न मानी डिग्री लाया रेडीमेड।

पर्यटन बीजा पर विदेश गया तो वहाँ बसने का लालच आया,
लड़की एक वहीं पर खोजी पत्नी बनाई रेडीमेड
विवाह के कागजों पर सांइन करके अपने घर गई रेडीमेड,

इसी तरह एक टीम बनाई धन्धा खोला रेडीमेड,
युवक कोई भारत से आता उनका नकली विवाह रचाता,
किराये की लड़की खोजी जाती विवाह भी होता रेडीमेड,
तिकड़म बाजी के धन्धे में एक दिन जा पहुँचा जेल,
मुक्ति मिली स्वदेश पधारे लौट के बुद्धू घर को आये।

नगर बम्बई अब जा पहुँचा बनकर फिल्मों का दीवाना,
एकाकी को फ्लेट न मिलता यहाँ नया बनाया किस्सा,
लड़की एक ढूँढ कर लाया अपनी पत्नी उसे बनाया,
रेडीमेड घर द्वार सजाया गृहस्थी सज गई रेडीमेड,
स्वप्न सुन्दरी वह लड़की थी हीरोइन दिखती रेडीमेड।

फिल्मों में जाने की इच्छुक फिगर भी उसकी रेडीमेड,
फिगर की चिन्ता इतनी रखती बच्चों के नाम से डरती,
मुन्ना ने उपाय सुझाया किराये की कोख पकड़ कर लाया,
अपना अंश संचित करवा कर बच्चा पाया रेडीमेड,
लिविंग रिलेशन सुन्दर बन्धन ना सिन्दूर न कोई बन्धन,
हीरोइन बन कर चली गई वह बेवकूफ बना कर रेडीमेड,
कोई उक्ति काम ना आयी स्याही गई सफेदी आयी,
हारा थका जिन्दगी का मारा दिखता था कितना बेचारा,

हिम्मत कभी न मुन्ना हारा हीरो था वह रेडीमेड,
सोच समझ बाजार गया तो कुर्ता लाया रेडीमेड,
डाट के कुर्त्ता खादी वाला नेता बन गया रेडीमेड,
हेरा-फेरी और दलाली धन्धे उसके रेडीमेड,
कहीं किसी का काम फंसा हो तिकड़म करता रेडीमेड
इधर की टोपी उधर घुमाता ले देकर हर काम कराता,
ताली-गाली-चापलूसी सब कुछ सीखा रेडीमेड,
नेता जी का भाषण होता भीड़ जुटाता रेडीमेड,
इसी कला के बल-बूते पर शोहरत पाई रेडीमेड,

तिकड़म बाजी की राजनीति का छत्रप बन गया रेडीमेड,
इसको पकड़ा उसको छोड़ा राजनीति का अर्क निचोड़ा,
तिकड़म बाजों की राजनीति भी ऐसे ही लोगों से चलती,
सोच समझ कर दाँव लगाओ एक लगाओ करोड़ों पाओ,
क्या सोचा है सम्मुख आओ एक नया कुर्ता सिलवाओ,
जेब अगर भारी रखते हो नेता बन जाओ रेडीमेड,
स्वर्ग के द्वारे खुल जायेगें इन्द्रासन पाओ रेडीमेड।।

पत्नी ही प्यारी लगती है।

तीन लोक से अपनी मथुरा, कुछ न्यारी सी गलती है,
रूप रंग की इस दुनियाँ में पत्नी ही प्यारी लगती है,
जाने कैसे लोग यहाँ बिन पत्नी के रह लेते हैं,
मुझको बिन पत्नी जिन्दगी खाली-खाली सी लगती है,
है स्वर्ग क्या और नरक क्या ये बातें मैं क्या जानू,
मुझको तो इन पर भारी बच्चों की किलकारी लगती है।

किसी नपुंशक सोच के मारे पत्नी को छोड़ा बिना सहारे,
अन्ध श्रद्धानत बुद्धी कुछ बचकानी सी लगती है,
स्वर्ग की इच्छा जीवन से मुक्ती लोक-लुभावन नारे हैं,
अध्यात्मवादी ये बातें बेमानी सी लगती हैं,
स्त्री-पुरुष का महामिलन ब्रह्मानन्द सहोदर कहलाता,
दार्शनिकों की ऐसी बातें ऐन्द्रिक सुख की प्रतिछाया सी लगती हैं।

आत्म केन्द्रित चिन्तन कुठाओं का है परिचायक,
पलायन वादी मानसिकता सामाजिक न्याय की अवरोधक,
उनकी ऐसी बातें मानसिक बीमारी सी लगती हैं,
रस्सी को सांप समझ बैठे योगी बाबा कैसे-कैसे,
ठोस सत्य यह दुनियां है सर्प-रज्जु का भेद नहीं,
कल्पना की बिल्ली खोज रहे जिसका कोई अस्तित्व नहीं,
कल्पना के विहग पकड़ने वाली मति बेचारी सी लगती है।

पत्नी बिन गृहसुख की बातें मुंगेरी लाल के सपने हैं,
हाथ में जो आ जाये वही तो पैसे अपने हैं,
नारी बिन संसर्ग ये चेहरा रुखा-रुखा सा दिखता है,
उच्च पदों के रुतबे वाला भी बेचारा सा दिखता है,
पत्नी ऐसी महाऔषधि है हर लेती जो पीड़ा को,
और सन्तुलित कर देती है आड़े-टेढ़े व्यक्ती को,

इसीलिये तो पत्नी मुझको अनन्द पिटारी दिखती है,
कमल पुष्प सा सुन्दर चेहरा बिन पत्नी मुरझाया सा दिखता है।
भगवा वस्त्र ओढ़ कर योगी रंग-मंच पर आते हैं,

स्वर्गिक सुख की चाहत में रम्भाओं को पास बिठाते हैं,
स्वर्गिक सुख की ऐसी चाहत आत्म प्रवंचना सी लगती हैं।
एक नहीं दो-दो मात्राऐं नर से भारी नारी,
राष्ट्र कवि यह मान चुके ठोस सत्य पहचान चुके,
फिर भी सत्य न जो पहिचाने मति मारी सी लगती है।

आत्म केन्द्रित जीवन दर्शन सद्बुद्धी का है बौना पन,
पलायन वादी मानसिकता है आध्यात्म वादी प्रदूषण,
ठोस सत्य को पहचानो अहंमभाव से दूर रहो,
हर प्राणी में ईश्वर देखो नहीं किसी को क्षुद्र कहो,
मानवता का पोषण करती ही बातें प्यारी लगती हैं,
भेद भाव की बात करे; वो धर्म भी सत्य नहीं,
अकर्मण्य भाव से पोषित हो ऐसा कोई सत्कर्म नहीं।

नारी को अपमानित करने का दाग नहीं धो पाओगे,
और मुलम्मा खूब चढ़ाओ स्वर्ण नहीं बन पाओगे,
नारी को अपमानित करने वाला रावण ही कहलायेगा,
भोगवाद का परिपोषक राक्षस ही माना जायेगा।

आसमान से नीचे उतरो पत्नी का सम्मान करो,
वो विभचारी है जिसको पर पत्नी प्यारी लगती है,
पथ का साथी मिल जाने पर सुख से रास्ता कट जाता है,
पथ के भटके राही को मृगतृष्णा का नीर न मिल पाता है,
त्याग भाव से जगती को भोगो सहज मोक्षपा जाओगे,
संकल्पित घोड़ों पर चढ़ दौड़ो अनन्त नहीं छू पाओगे,
तुम नशे की बूटी ढूँढ रहे स्वर्गिक सुख की चाहत में,
पत्नी के पल्लू पर सजी हुई हर बूटी प्यारी लगती है,
रूप रंग की इस दुनियाँ में पंत्नी ही प्यारी लगती है।।

आसमान में उड़ने वाला मिट्टी में मिल जायेगा

आसमान में उड़ने वाला मिट्टी में मिल जायेगा,
चूनर में दाग लगा बैठा तो जाकर कहाँ छुड़ायेगा?

जैसा पेड़ लगायेगा वैसा ही फल पायेगा,
कांटो का झाड़ लगा बैठा तो आम कहाँ से खायेगा।

बिना आस्था ज्ञान नहीं भगती बिन भगवान नहीं,
प्रियतम को ठुकराने वाला मान भी कैसे पायेगा,

बिना शिया के राम नहीं राधा बिन घनश्याम नहीं,
पत्नी को धोखा दे आया तो नींद भी कैसे पायेगा?

छल के बल पर रावण ने लंका का सिंहासन पाया,
सीता को अपमानित करने पर अपना सारा वंश गंवाया,
नारी को अपमानित करने वाला भी दण्ड घनेरा पायेगा।

दाम्पत्ति प्रेम इस जगती का कर्णधार कहलाता है,
हरी-भरी ये दुनियाँ है जब तक रहता ये नाता है,
नारी का मान घटाने वाला नराधम कहलायेगा।

आसमान में उड़ने वाला मिट्टी में मिल जायेगा,
चूनर में दाग लगा बैठा तो जाकर कहाँ छुड़ायेगा?

नचकुद्दे हीरो बन बैठे

नचकुद्दे हीरो बन बैठे और दलाल भी नेता,
राजनीति के रंगमंच तक पहुँच चुके अभिनेता।

वाह! घसीटे उछल कूद कर कितना नाचे कूदे,
कऊआ जैसे पंख मोर का अपनी दुम में बांधे।

खुद को मोर समझ कऊऐ ने सीना खूब फुलाया,
बोली उसकी वही पुरानी कॉव-कॉव चिल्लाया।

भेद खुला तब जनता ने दर्पन उसे दिखाया,
शैतान भी साधू-भेष बना कर रंग मंच पर आया।

कुटिल नीति को उसने अपनी दाड़ी बीच छुपाया,
चाल-चरित्र-चेहरा जैसा था उसने भेद बताया।

शैतानी फितरत ने आखिर क्या-क्या खेल दिखाया,
भेड़िये के उपदेश बीच ही बतखों का हुआ सफाया।

राम राज के बदले कैसा रावण राज भी आया,
रंग-रंगीले चेलों ने आकर रंग अपना दिखलाया।

जनता के हिस्से का पैसा लूट-लूट कर खाया,
रंग मंच के एक कोने में साधू ने योग दिखाया।

सभी मर्ज की एक दवा है, उसने यही बताया,
हवा पियो और पानी चाटो, यह कुदरत की माया।।

जीवन की डगर में चलते-चलते

जीवन की डगर में चलते-चलते कहाँ चूक हुई मालूम नहीं,
सोये पड़े थे हम कभी के गरम राख के ढेर पर,
करवटे बदला किये चिंगारियों के दंश पर,
अरमानों की चिता से कुछ फूल चुनने आये थे,
थक कर कब यौं आँख लगी कुछ भी तो हमें मालूम नहीं।

तिनका-तिनका जोड़ कभी ख्वाबों का महल बनाया था,
सतंरगी फूलों से हमने इसका मेहराब सजाया था,
पत्ता-पत्ता बूटा-बूटा सांसों से महकाया था,
जाने किसकी नजर लगी कब महल ढहा मालूम नहीं।

सब कहते हैं जग सपना है और भाग्य लेख निज कर्मों का,
हम यहाँ भोगने आये हैं फिर स्वर्ग लोक को जायेगें,
आदर्शों की चादर में छुपकर हमने यौं सब कुछ झेला है,
है सत्य क्या और झूठ क्या कुछ भी तो हमें मालूम नहीं।

हम ऐसी दुनियाँ में रहते हैं जहाँ चहूँ दिश घोर अंधेरा है,
सब लूट रहें एक दूजे को यह कैसी प्रभु की माया है,
जो वंचित है दीनहीन है उस पर ही संकट आया है,
हेरा-फेरी क्यों चलती है कुछ भी तो हमें मालूम नहीं।

जो दबंग है, धनकुबेर है हरदम उसकी चलती है,
अकल के आगे लाठी ही क्यों कर भारी पड़ती है?
न्याय सदा झुकते देखा है कुटिल जनों के पाले में,
जीत का लड्डू भी आता है अब दबंग के हाथों में,
कौन न्याय को बेच रहा है किसकी खता मालूम नहीं।

है दर्द उठा हल्का-हल्का ताशीर भी जिसकी ज्ञात नहीं,
जिन्दगी में अनेको घाव लगे क्या भूले किसको याद रखे,
हम खुशी से कोई डॉस करे या रोकर मन हल्का करले,
किसी तरह दिलों को बहलाये कुछ भी तो हमें मालूम नहीं।।

सितम बेवफाई

गमे जिन्दगी का शिकवा करे क्या! चिरागों को फिर से जलाने चला हूँ,

सितम बेवफाई का किसको सुनाये, तेरी तस्वीरों को आयना दिखाने लगा हूँ।

लौ दिये की थर-थरायेगी कैसे? अंचल में इसको समेटे खड़ा हूँ।

हवाओं से कह दो रूख अपना बदले, चट्टानी इरादा लिये मैं खड़ा हूँ।

सिन्दूर की लाज निभाई है मैंने, तेरे गुनाहों को ऐसे छिपा के चला हूँ।

दिलके जखम भी हैं जमाने से अछूते, निगाहों से सबकी बचा के चला हूँ।

मैं चला हूँ पथरीली जमीं पर ऐसे, कि कदमों के निशां भी मिटाता चला हूँ।

मेरे जखमों को हवा देने वाले, तेरी फितरत से मैं भी वाकिफ हुआ हूँ।

जिन हाथों ने तुझको सहारा दिया था, तू उन्हीं से दामन छुड़ाता चला है।

उस डाली पर तेरी कुल्हाड़ी चली है, जिसने बढकर तुझको सहारा दिया है।

तेरी खुदाई भी तुझी को मुबारक, मैं वीराने अपने थामें खड़ा हूँ।

कयामत में फैसले की उम्मद लेकर, रुह बनकर जिन्दगी की कब्र में पड़ा हूँ।

राजा राम को गुरु ने संदेशा दिया, यज्ञ भामिनि बिना कोई पूरा नहीं।

राम से भी तूने खुद को माना बड़ा, किसी उत्सव में मुझको पुकार नहीं।

हिन्दू-हिन्दू कहकर जमाने को छलता रहा, परम्परा हिन्दुत्व की निभाई नहीं।

तूने नारी की गरिमा को धूमिल किया, कुदरत को इतना गबारा नहीं।

तभी अभिषापित तेरा चेहरा हुआ जिसे दर्पन में तूने निहारा नहीं।

मेरे अंचल पर तेरी ही तस्वीर है, जिसको जमाने को दिखाने से डरता हूँ मैं।

मेरे दिल में भी प्यार का नासूर है, जिसके कारण तिल-तिल मरता हूँ मैं।

किसी के गुनाह की अभिषापित सिला बन मुक्ति पथ पर कब से अकेला पड़ा हूँ।

किसी राम के पग प्रहार से बनके नारी स्वर्ग जाने की चाहत में जिया हूँ।।

निर्मोही बालम आ जाना

निर्मोही बालम आ जाना, चेहरा तो तनिक दिखा जाना।
लाश को लेकर घूम रही, मेरी आकर चिता सजा जाना।।

हवा का झौंका चूम रही हूँ, गन्ध तुम्हारी सूँघ रही हूँ।
आज चिता पर आकर के, दो आँसू तो टपका जाना।।

मिट्टी के माधौ आ जाना, इतना सम्मान दिला जाना।
एक सुहागिन नारी के, माथे सिन्दूर लगा जाना।।

कैसा वो अंगूर का दाना, जिस पर मेरा पिया दीवाना।
काशिद मेरे सदके तेरे, दिल के रिसते छालों पर मरहम
तनिक लगा जाना।।

जिस पर उनकी निगाह पड़ गई, आसमान में वही चढ़ गई।
रंगे बिरंगे कन्दीलों की आसमान में ध्वजा तन गई।
सांसो की डोरी टूट रही बस अन्तिम ढील लगा जाना।।

शायद उनकी निगाह पड़ गई, थाली में से दाल उड़ गई।
डूब रही हों जिसकी सांसे, उसको पथेय दिला जाना।।

निर्मोही बालम आ जाना मुझे चेहरा तो दिखला जाना।
लाश को लेकर घूम रही, मेरी आकर चिता सजा जाना।।

निर्मोही बालम किधर गया

कांटा चुभा करील का, कसके चारों याम।
खलनायक मुझको मिला, दे गया कष्ट तमाम।।

हाथों में आके फिसल गया, निर्मोही बालम किधर गया?
माथे पे सिन्दूर लगा के, छोड़ गया मझधार में लाके,
किस्ती लेकर निकलगा।
    निर्मोही बालम किधर गया।।
पथ का रोड़ा ना बन जाऊँ, जीवित बाहर निकल न आऊँ,
पहरे पर शिपाही छोड़ गया।
    निर्मोही बालम किधर गया।।
    मैंने खुद को सिला बनाया, दुख के सागर में तैराया,
    जीवन दुख में गुजर गया।
    निर्मोही बालम किधर गया।।
विधना क्या संयोग बनाया, खलनायक से मुझे मिलाया,
जहर का प्याला पिला गया।
    खलनायक मेरा किधर गया।।
बिना सहारे मैं जी लूँगी, जहर का प्याला भी पी लूँगी
जीवन मेरा बिखर गया।
    निर्मोही बालम किधर गया।।
शिव शंकर को इष्ट बनाया, मैंने सारा जहर पचाया,
जीवन घट यूँ रीत गया।
    निर्मोही बालम किधर गया।।
सत्ता सुन्दरी से नयन मिला के, भूल गया दरबार सजा के,
कुर्सी से शायद चिपक गया।
    निर्मोही बालम किधर गया।।
दुनियाँ वालो सम्मुख आओ, मुझ विरहनि को न्याय दिलाओ,
मेरा उगता सूरज डूब गया।
    निर्मोही बालम किधर गया।।

एक नारी करे पुकार

दीपक तले अंधेरा रहता है यह सत्य प्रमान।
अन्ध कूप में पत्नी फैंकी, फिर भी बना महान।।

एक नारी करे पुकारः मुझे भी न्याय चाहिए,
पतिव्रता हूँ पत्नी का अधिकार चाहिए,
मन्दिर-मन्दिर शीश झुकाया, तीरथ जाकर पुण्य कमाया,
दान धर्म कुछ काम न आया, मुझे छोड़ गये भरतार,
कि उनका साथ चाहिए।
    पतिव्रता हूँ पत्नी का अधिकार चाहिए।।
थाने जाकर रपट लिखाऊँ, न्यायालय में केस लगाऊँ,
सभी जजों को यह बतलाऊँ, कानूनी अधिकार चाहिए।
    पतिव्रता हूँ पत्नी का अधिकार चाहिए।।
राजनीति सौतनि बन आयी, पिया मेरे को दिल्ली लायी,
वो बना चुके सरकार, मुझे की न्याय चाहिए।
    पतिव्रता हूँ पत्नी का अधिकार चाहिए।।
संसद जाकर प्रश्न उठाऊँ, सांसदों को शीश नवाऊँ,
मेरे प्रश्न पर करो विचार, वैधानिक अधिकार चाहिए।
    पतिव्रता हूँ पत्नी का अधिकार चाहिए।।
जनता के दरवाजे जाऊँ चौखट-चौखट अलख जगाऊँ,
जन-जन से करूँ पुकार, मुझे मेरा प्यार चाहिए,
    पतिव्रता हूँ पत्नी का अधिकार चाहिए।।
जिन्दगी मैंने बिन पिया गुजारी, अब आयी पतझड़ की बारी,
धर्म कर्म के हेतु कि उनका साथ चाहिए।
    पतिव्रता हूँ पत्नी का अधिकार चाहिए।।

नेता जी जब आते हैं

नेता जी जब आते हैं, एक ऊँचा मंच सजाते हैं,
दौलत कहाँ से पाते हैं, यह भेद नहीं बतलाते हैं।

रेला-रेली में लोग बहुत पैसों से जोड़े जाते हैं,
आकाश को छूने की चाहत, मुण्डों पर खड़े हो जाते हैं।

आगे निकलूँ सबसे कैसे लाशों पर दौड़ लगाते हैं,
नशा हो गया है सत्ता का वो हरदम होठ चबाते हैं,
शब्दों की मर्यादा भूले तू-तू मैं-मैं पर आते हैं।

आता चुनावी साल तभी मण्डी सजती है दौलत की,
ऊँची बोली के बल पर वो टिकट चुनावी पाते हैं,
चुनाव जीतने की खातिर दारू और नोट लुटाते हैं।

राजनीति का खेल निराला, इन्हें दण्ड-भेद भी आते हैं,
भ्रष्ट जनों से सांठ-गांठ कर मोटा नोट कमाते हैं।

नेता-अफसर-ठेकेदार-इन्जीरियर, भ्रष्टचार के चेहरे हैं,
छला सभी ने जनता को, घाव बहुत ही गहरे हैं।

तन की चोट दिखाई देती दिल के घाव न दिखने पाते,
मरहम खूब लगाये कोई घाव कहाँ भर पाते हैं।

नेता जी जब आते है, इक ऊँचा मंच सजाते हैं,
दौलत कहाँ से पाते हैं, ये भेद नहीं बदलाते हैं।।

हिटलर दीदी

हिटलर दीदी मुझे बताओ क्यों कर पलटी खाती हो,
हृदय परिवर्तन हुआ तुम्हारा या पद के लालच में आयी हो।

राजधर्म को भुला चुके जो उनपर क्यों कुर्बान हुई,
भ्रष्टाचार को जी भर कोसा उसका ही सामान हुई,
बोल तुम्हारे बता रहे हैं पद के लालच में आयी हो,
हिटलर दीदी यह बतलाओ क्यों कर पलटी खाती हो।।

भ्रष्टाचार के आन्दोलन में जिस दल की ऐजेण्ट रही,
सीधी सी बात है पद के लालच में उसी दल में चली गई,
देख रही है जनता सारी क्या-क्या रंग दिखाती हो।
हिटलर दीदी यह बतलाओ क्यों कर पलटी खाती हो।।

हण्टर अपना खोज रही हो जनता पर अजमाने को,
कुर्सी पर आँख गढ़ाये बैठी सत्ता का सुख पाने को,
हिटलर बैठा दिल के अन्दर उसका रोब दिखाती हो,
भोली जनता को ठगने को क्या-क्या ढोंग रचाती हो,
हिटलर दीदी यह बतलाओ क्यों कर पलटी खाती हो।।

अब्दुल कलाम तुमको सलाम

अब्दुल कलाम तुमको सलाम, हम बच्चे तुम्हें बुलाते हैं,
बड़े अदब से रंजो-गम से, मिलकर शीश झुकाते हैं,
अन्तिम पथ पर चले गये तुम, जैसे हम तो छले गये,
याद तुम्हारी आती है, पीड़ा के अश्रु बहाते हैं।
हम बच्चे तुम्हें बुलाते हैं।

देश सुरक्षा का तुमने, जीवन भर का संकल्प लिया,
सुविधाओं से मुख मोड़ा, मिशाइल मेन बन नाम किया,
जिसकी गूंज से हरदम, दुनियाँ वाले थर्राते हैं।
हम बच्चे तुम्हें बुलाते हैं।

गीता और कुरान तुम्हारी, वाणी में ही बसती थी,
समता-ममता की बातें भी, बच्चों को प्यारी लगती थी,
मिशाइल मेन तुमको प्रणाम, श्रद्धा के सुमन चढ़ाते हैं।
हम बच्चे तुम्हें बुलाते हैं।

अब्दुल कलाम तुमको सलाम, हम बच्चे तुम्हें बुलाते हैं।।

हवा बहे जगदीश्वर की

कहीं किसी की हवा नहीं है, हवा बहे जगदीश्वर की,
इंसानों की शोहरत फैले, हवा दिखे शैतानों की।

झेल गई है धरती कितनी आंधी और तूफानों को,
आंधी गई तूफान मिट गये, उनके तुच्छ निशान रह गये।

कहीं किसी की लहर नहीं है, लहरें बहे समुन्दर की,
तट चूमने लहरें आती उथल-पुथल कर खुद मिट जाती।

चट्टानों से सिर पटक-पटक कर लहरें बस इतना ही
कहती,
कहीं किसी की लहर नहीं है लहरें चले समुन्दर की।

लहर चलाने जो आये थे, वो लहरों के बीच खो गये,
तट पर उसने वसन शेष थे हवा के झोकों बीच उड़ गये।
कहीं किसी की हवा नहीं है हवा बहुत ही अन्दर की।

चौपर लेकर नेता आते प्याले में तूफान उठाते,
झूठे हैं सब वादे इनके झूठा ये व्यापार चलाते।

चौपर के पंखों से चलती हवा दिखे सिकन्दर की,
कहीं किसी की हवा नहीं है हवा बहे जगदीश्वर की।।

संभल कर शब्दों को बोलिये जनाब

संभल कर शब्दों को बोलिये जनाब,
दुनियां वाले फितरत तुम्हारी पहचान लेते हैं।
सभी उन जैसे नहीं होते साहब!
जो बिन सोचे बातें तुम्हारी मान लेते हैं।

हमें बहलाने की कोशिश भी मत करना,
हम तुम्हारी हर चाल पहिचान लेते हैं,
जहर भी औषधि कहकर तुम पिलाते हो,
मर गये कुछ लोग तुम्हारी करतूतों से,
दुनियाँ वाले हकीकत जान लेते हैं।

गिरगिट की तरह रंग बदलने में हुए माहिर,
हम भी लिफाफा देख कर मंजमून भांप लेते हैं,
लोग ठगे गये तुम्हारी रहनुमाई में,
तुम मानों न मानो हम हकीकत जान लेते हैं,
सपनों का आयना दिखा कर न बहलाओ,
हम तुम्हारी हर अदा को भांप लेते हैं।।

एक करेला नीम चढ़ा

नीम पर चढ़ कर एक करेला, जनता से यह वाणी बोला,
सब्जी भाजी मुझे न कहना, मैं तो हूँ इस देश का गहना।

उच्च पदों का अभिलाषी हूँ, लोक सभा का प्रत्याशी हूँ,
कडुये बोल बोलता आया, रंग में भंग घोलता आया।

जो भी मेरे सम्मुख आया मैंने उसको स्वर्ग पठाया,
किसी को मारा शब्द वाण से, किसी को कडुआ जहर पिलाया।

कोई शंकर बचा जहर से उसको शव की तरह सुलाया,
भय का बीज दिलों में बोकर, मैंने अपना काम चलाया।

मित्रो मेरा काम यह करदो, सत्ता पर मुझको भी धर दो,
चरण खड़ाऊँ रख गद्दी पर भरत ने राज चलाया था।

त्याग का एक अनूठा फण्डा जगती को दिखलाया था,
चरण-पादुका बन जनता की मैं करतब दिखलाऊँगा।

स्वर्ग-नरग का भेद मिटाकर राम राज भी लाऊँगा,
भ्रष्टाचारी पड़े नरक में गंग नहर नहलाऊँगा।
झड़-फूँक कर उनको फिर से स्वर्ग का राज दिलाऊँगा।

कडुआ घूँट बहुत पी चुका थोड़ी मिष्टी मुझे चखा दो,
कृपा की एक फूटी कौड़ी जेब मेरी में भी टपका दो।

लाल किले की चाहत रखता मुझको लाल किला दिलवा दो,
नाक चरण पर रगड़ रहा हूँ वरद हस्त मुझ पर रखवा दो।

चौकीदार बन जनता का अब मैं राज चलाऊँगा,
दूध की रक्षा करे बिलौटा यह भी कर दिखलाऊँगा।।

बेटा सिर सेहरा बंधवा ले

बेटा सिर सेहरा बंधवा ले बहू सुहानी घर में ला दे,
ममता मेरी प्यासी है मुझको पोता-पोती ला दे।

माँ मैंने भी सपना देखा लाल किला सपने में आया,
दहेज में लाल किला दिलवा दे फिर सिर पर सेहरा बन्धवा दे।

बेटा ऐसी जिद् न करना लाल किला न दहेज में आता,
वंश मुंगलिया खत्म हो गया जिसने लाल किला बनवाया।

अब तो वह है देश की सम्पत्ति नहीं दहेज में कोई पाता,
तब तो माँ यह काम करा दे राज-पाठ मुझको दिलवा दे।

लाल किला जब तक न पाऊँ तब तक मैं न ब्याह रचाऊँ,
बेटा ऐसी जिद् करेगा तो कुआरा रह जायेगा।

लालन मेरा बड़ा हुआ तू अब तो घर अपना बसवा ले,
ममता मेरी प्यासी है मुझको पोता-पोती ला दे।

भले ही मैं कुमारा मर जाऊँ लाल किला बिन ब्याह न रचाऊँ,
लाल किले का मॉडल लाकर उससे मन अपना बहला ले।

बेटा सिर सेहरा बंधवाले बहू सुहानी घर में ला दे,
ममता मेरी प्यासी है मुझको पोता-पोती ला दे।

लाल किले का मॉडल लेकर बेटा चहूँ दिश घूम रहा था,
चौखट-चौखट द्वारे-द्वारे माथा अपना पटक रहा था।

लोगो मुझ पर तरस तो खाओ लाल किला मुझको दिलवाओ।
लाल किला जो मिला न मुझको तो कुमारा मर जाऊँगा,
अपनी मौत का इल्जाम सिर जनता के धर जाऊँगा।।

हम बहुमत लेकर आये हैं

हम बहुमत लेकर आये है, मनमाना काम करा लेगें,
राज हमारा आया है, कुछ चमत्कार दिखला देगें।
इतिहास के स्वर्ण अक्षरों में हम अपना नाम लिखा देगें।
पहिन के जूता हाथों में, उल्टा चलकर दिखला देगें।
आसमान की क्या बिसात, पैरों पर उसे उठा लेगें।
सूरज को मार ठोकरों से, हम उसकी ज्योति बुझा देगें।
अंधकार जब छायेगा, चोरों को गले लगा लेगें।
काले-धन्धे वालो से हम बढकर हाथ मिला लेगें।
मैं उनका वो मेरे हैं मिल जुलकर काम चला लेगें।
नेता-अपसर-पूँजी वाले तीनों गोल बना लेगें।
लूट-लूट जनता का पैसा अपने महल बना लेगें।
काले धन्धे वालो के सिर सोने का मुकुट सजा देगें।
मोटा चंदा देने वालो को अपना मेहमान बना लेगें।
विरोध में जो भी आयेगा, उसे शूली पर लटका देगें।
जनता किस खेत की मूली है, दिन में तारे दिखला देगें।
अपने हितों की रक्षा में हम उल्टी गंग बहा देगें।
इतिहास को फिर से लिखवा कर हीरो भी नये बना लेगें।
पोषित जिनसे हो नीति हमारी वही ग्रन्थ अपना लेगें।
विरोध नीति के ग्रन्थों को होली बीच जला देगें।
विरोध करेगा जो कोई; मुँह पर ताला लटका देगें।
हिमालय की गुफाओं में छिपकर; हम योग सीख कर आये हैं।
सिद्ध योग शीर्षासन मेरा हथियार भी उसे बना लेगें।
सभी विपक्षी लोगों को शीर्षासन करवा देगें।
इन्द्रासन मैंने पाया है परियों को पास बिठा लेगें।
पत्नी विरोध करेगी कैसे उसे दूर कहीं फिकवा देगें।
हम बहुमत लेकर आये हैं मन माना काम करा लेगें।।

गर्दभ-राग

नेता जी बोले गदहे से, मनमाना पद दिलवाऊँगा,
मेरी पार्टी में आ जाओ, नेता तुम्हें बना दूँगा।
        मन्त्र अनोखा सीखा मैंने गदहों को इंसान बनाऊँगा।
सेवा-भाव का हूँ कायल, मंत्री पद दिलवाऊँगा।
        सोच रहा हूँ अपने ढंक से मैं सरकार चलाऊँगा।
एक छत्र सरकार चलाके छत्रपती कहलाऊँगा।
        गमलों में फसल उगानी है, जापानी पद्धति लाऊँगा।
कदम-कदम पर संसद में हरी घास लगवाऊँगा।
        हर सांसद को नजराने में एक गदहा दिलवाऊँगा।
इसी गदहा ब्रिगेड का मंत्री तुम्हें बनाऊँगा।
        तुम्हारी स्वीकृति बहुत जरूरी इसी लिये तो आया हूँ।
बदले में मिनिस्ट्री का तमगा नजराने में लाया हूँ।
        यह सुनकर गदहा चकराया, अस्वीकृति में उसने सिर
हिलाया।
बोला मुझको मांफ करो तुम मैं न आदमी बन पाऊँगा।
        सूखे तिनके मुझे पसन्द है जंगल जाकर खाऊँगा।
हलवा-पूड़ी तुम्हें मुबारक, मैं भूसा ही खाऊँगा।
        ओढ लबादा साधू का हराम खोर न बन पाऊँगा।
गधा-मंजूर का मैं आदी, उसी से काम चलाऊँगा।
        सत्य बताऊँ अपना तुमको पूर्व जन्म में आदमी था।
साधू था मैं बहुत प्रतिष्ठित छालर-शंख बजाता था।
        अपने उपदेशों से संगति को मैं भी बहुत रिझाता था।

हलवा-पूड़ी खाने का आदी, खूब हराम की खाता था।

झूठे थे उपदेश हमारे, झूठा-व्यापार चलाता था।

उसी कुकर्म का आज मुझे एक अनोखा दण्ड मिला।

गदहा बनकर मृत्यु लोक में कर्म भोग हित आनपड़ा।

मेरी कहानी बिलकुल सच्ची इसकी एक निशानी है।

स्वभाव साधुओं जैसा मेरा शंख ध्वनि सी वाणी है।

अपनी करनी भोग रहा हूँ, मुझको न डिस्टर्ब करो।

तुम नेता हो धूर्त किस्म के कृपया मुझ पर रहम करो।।

नेता हमारा किधर गया

इधर–गया या उधर गया, नेता हमारा किधर गया,
वोटों की भिक्षा पाकर लगता है, गंगा तर गया।
नेता हमारा किधर गया।।

वादों की पोटली थमाकर, सत्ता की सीढ़ी चढ़ गया,
चुनावी जुमला बताकर, वादों से मुकर गया,
राजनीति के चारागाह की घास सारी चर गया।
नेता हमारा किधर गया।।

हवा की गंध सूंघ कर, मौसम विज्ञानी बन गया,
कुर्सी के लालच में निर्मम, उसूलों को कुचल गया,
अभी–अभी इधर था, अब पूँछ हिलाकर उधर गया।
नेता हमारा किधर गया।।

हवाई किले की चाहत में, हवा के घोड़े पर चढ़ गया,
सत्ता की आँच पाकर हमाम में उतर गया,
नैतिकता के वस्त्र सारे, खूँटिओं पर धर गया।
नेता हमारा किधर गया।।

अंतर्मन की बात

मन की बात-बता कर कोई, चहुं दिश ढोल बजाये।
पर जनता की पीड़ा को कभी समझ न पाये।
सागर की उत्ताल तरंगे कभी सुनामी बन जाती।
तट की मर्यादा लांघ झोपड़ी तहस-नहस कर जाती।
पर अन्तर की जल धारायें अनवरत बहा करती हैं।
मर्यादा की सीमा में हर बात भली लगती है।
जो सीमा को लांघ जाय वह बात बुरी लगती है।
सागर की जल धारायें पोषण करती तट बन्धों का।
कर्कश थाप ढोलकों की कानों पर भारी पड़ती है।
प्यार छुपा हो जिन बातों में, बातें प्यारी लगती हैं।
राजनीति से दूषित बातें जहर-बुझी सी लगती हैं।
सहमा-सहमा अन्तरमन ठिठक-ठिठक कुछ कह जाता।
उस पीड़ा का बोझ हमारे शब्दों में उतर-उतर आता।
अन्तर मन की पीड़ा भी तो इस जीवन की थाती है।
मित्रो! इसे संजोये रखना जगती भी यह चाहती है।।

अच्छे दिन मेरे कहाँ गये (कीर्तन)

रामा-रामा हरे-हरे बोलो रामा-रामा हरे-हरे,
अच्छे दिन मेरे कहाँ गये बाबा! अच्छे दिन मेरे कहाँ गये,
नेता जी हमको बतला दो अच्छे दिन मेरे कहाँ गये,
हाथ उठा कर जनता पूछे अच्छे दिन मेरे कहाँ गये।

मंहगाई ने बादल फाड़ा घर का सारा बजट बिगाड़ा,
फल-फूट कुछ हाथ न आवे, आलू-कांदा मुँह बिचकावे,
दही-दूध के लाले पड़ गये मुन्ना रोबे खड़े-खड़े।

नेता जी ने हुकुम सुनाया पी.पी. मॉडल बजट बनाया,
सारा धन सेठों ने पाया जनता हाथ झुनझुना आया,
अच्छे दिनों की चाहत में जनता लुट गई खड़े-खड़े।

अपनी पत्नी का हो न सका जो वो जनता का क्या होगा,
चिकनी-चुपड़ी बात बनाकर जनता को देगा धोखा,
अच्छे दिनों की चाहत में जनता थक गई खड़े-खड़े।

दोहरा चरित्र दिखाई देता जो कहते सो नहीं करते,
लूट-लूट जनता का पैसा धन वालों का घर भरते,
चौकीदार बनने आगे थे शासक बन गये खड़े-खड़े।
अच्छे दिन मेरे कहाँ गये बाबा! अच्छे दिन मेरे कहाँ गये।।

कहते थे हम दुःख हर लेंगे एक नया सूरज ला देंगे,
बातें निकली हवा हवाई जुमले फैंके खड़े-खड़े।
अच्छे दिन मेरे कहाँ गये।।

दालों का भी रंग चुराया

दालों का भी रंग चुराया, नेता जी ने नाम कमाया,
उनके कुर्ते चटक हो गये बस दालों के रंग खो गये,
नेता उड़ते आसमान में दाले भी तो संग-संग उड़ती,
उनको अपना रंग चाहिए बस जनता का संग चाहिए।

लगा रे भाषण का तड़का, जनता को कर डाला कड़का,
जनता का दुःख समझ न पाते अपने मन की बात सुनाते,
नेता जी धरती पर आओ आटा दाल का भाव बताओ,
शब्जी में भी प्याज नहीं है थाली में भी दाल नहीं है।

पीले में कुछ लाल मिलाया कैसा भगवा रंग खिलाया?
भगवा-लाल गुलाबी-पीली तरह-तरह की रंग रंगीली,
कुर्ती तुमको खूब भा गई जो जनता की दाल खा गई,
मुझको मेरी दाल दिलाओ आसमान से नीचे आओ।

तन की मनकी बात सुनाते झूठा सब्जबाग दिखलाते,
उपदेशों से पेट न भरता सत्ता त्याग बजाओ घण्टा,
जनता को अब मत तरसाओ मन्दिर जा कर शंख बजाओ,
नेता जी धरती पर आओ मुझको मेरी दाल दिलाओ।।

गीत प्यार का गाता चल

कल-कल बहती जीवन धारा, ताल से ताल मिलाता चल,
लेकर दिल का इकतारा तू, गीत प्यार का गाता चल।

तट पर सहमे हुए खड़े जो, उनको गले लगाता चल,
प्यार का बीज दिलों में बोकर, अपना उन्हें बनाता चल।

प्रगति का चल पड़ा कारवां, तू उसकी अगुआई कर,
हर राही अपना बन जाये, कदम से कदम मिलाता चल।

पथ का रोड़ा बना खड़ा जो, पर्वत से टकराता चल,
चूर-चूर कर उसका मस्तक, मार्ग नया बनाता चल,
आने वाले नन्हे धारों का, मार्ग सुगम बनाता चल।

नफरत की जहाँ आग लगी हो, प्यार का जल बरसाता चल,
सूख रहे जो बाग-बगीचे, उन्हें प्यार से सिंचित कर,
दीन-दलित शोषित जनता को, अमृत आज छकाता चल।।

जागो प्यारे वोटर जागो

जगो प्यारे वोटर जागो, लोकतन्त्र के प्रहरी जागो।
शंख नाद कर गदहा जागा, कांव-कांव कऊआ भी जाग,
काले मुँह का बन्दर जागा, कलरव-ध्वनि हर पक्षी जागा,
भोर हो गई अब तो जागो।
जागो प्यारे वोटर जागो।।
भ्रष्टाचार का चढ़ गया पारा, आजादी को ग्रहण लगाया,
माल चुरा के प्रहरी भागा, न्यायालय पर जड़ गया ताला,
देश लुट गया अब तो जागो।
जागो प्यारे वोटर जागो।।
भ्रष्टजनों के चमचे जागे, कढछे और पतीले जागे,
छिपा हुआ हर दानव जागा, अपने मुँह से छिना निबाला,
लूट मच गई अब तो जागो।
जागो प्यारे वोटर जागो।।
नेताओ के भाग्य विधाता, तुम ही तो शासन प्रदाता,
बेईमानों ने शासन पाया, भ्रम जाल कैसा फैलाया,
मोह नीदं को अब तो त्यागो
जागो प्यारे वोटर जागो।।
शैतानों ने चक्र चलाया, भेद-नीति को गले गलागया,
रेन गई काहे को सोये, सोने से कुछ काम न होय,
सूरज नया सबेरा लाया, छटा अंधेरा अब तो जागो,
जागो प्यारे वोटर जागो।।
पहिन मुखौटा रावण आया, धन-लक्ष्मी को हर लाया,
काले धन का अम्बार लगाया, सोने का भी किला बनाया,
राम रूप धर अब तो आओ।
जागो प्यारे वोटर जागो।।
कंचन थार कपूर की बाती, जनता नित्य आरती गाती,
चोरों ने हर बात बिगाड़ी, लूट रहा अफसर और प्रहरी,
लुटा कारवां अब तो जागो।
जागो प्यारे वोटर जागो।।

कॉव-कॉव

कऊओं की पंचायत लगी थी, बोल रहे सब कॉव-कॉव,
सभी दिशाओं में कोलाहल था, गूँज उठ रही कॉव-कॉव,
इसने मेरा कान मरोड़ा उत्तर आया कॉव-कॉव,
उसने मेरा अण्डा फोड़ा, फिर भी उत्तर कॉव-कॉव।

कभी किसी ने मसिजिद तोड़ी शोर उठ रहा कॉव-कॉव,
देवालय अपवित्र बनाया तो भी उत्तर कॉव-कॉव,
साम्प्रदायिकता पर कॉव-कॉव, सौहाद्र भाव पर कॉव-कॉव,
नेता बोले कॉव-कॉव, अभिनेता करते कॉव-कॉव।

लेखक कवियों का स्वर ऊँचा बोल रहे थे कॉव-कॉव,
वैज्ञानिकों ने मोर्चा खोला वो भी बोले कॉव-कॉव,
विद्धानों ने ताल मिलाई वो भी करते कॉव-कॉव,
मंहगाई पर कॉव-कॉव, लफड़े-दफड़े पर कॉव-कॉव।

सभी समस्याओं का एक निदान है मिलकर बोली कॉव-कॉव,
लोक तन्त्र के हर मन्दिर से गूँज उठ रही कॉव-कॉव,
सुपर हिट जुमला बन बैठी कऊओं वाली कॉव-कॉव,
पक्ष-विपक्ष के सारे नेता बोल रहे हैं कॉव-कॉव।

इक दूजे की बात दबाओ मिल कर बोलो कॉव-कॉव,
नेता और अधिकारी मिलकर बोल रहे हैं कॉव-कॉव,
धन्धे सारे चौपट हो गये शेष बच गई कॉव-कॉव।।

सब कुछ अपना हार गया

मुई शराफत हाथ रह गई, बाकी सब कुछ हार गया,
हिम शिखरों पर चढ़ते-चढ़ते, जीवन सारा हार गया,
मौत ने माई गले लगाई, ममता की छाया हार गया,
दुधमूँह को कौन संभाले शर्त सहित विमाता आई,
विमाता के आते ही वह बाप भी अपना हार गया।
बाप ने अपनी शर्त निभाई, विमाता को दौलत लिखवाई,
बड़ा हुआ जब होश संभाला न्यायालय में केस लगाया,
भ्रष्टाचारी न्यायधीश ने रिश्वत खा कर केस बिगाड़ा,
भ्रष्टाचार से लड़ते-लड़ते दौलत सारी हार गया,
विद्यालय में पढ़ते-पढ़ते एक सखी से प्यार हुआ था,
शराफत ऐसी होठों से चिपकी बात भी दिल की कह नहीं पाया,
अन्तरमन की आपाधापी में दोस्त एक हमराज बनाया,
दोस्त ने उससे विवाह रचाया, प्रेम की बाजी हार गया,
ले दे कर एक नौकरी पाई जिसमें सारी उमर खंपाई,
पी.एफ निकालने जब पहुँचा भ्रष्टाचार ने उसे रूलाया,
केस को इतना उलझाया पी.एफ भी हार गया,
खाली हाथ जब घर को आया पत्नी ने उसको धमकाया,
जीवन हुआ मुहाल बच्चों संग, पत्नी अपनी हार गया,
फक्कड़ बन कर घूम रहा अब सब कुछ अपना हार गया,
हिम शिखरों पर चढ़ते-चढ़ते जीवन सारा हार गया,
मुई शराफत हाथ रह गई बाकी सब कुछ हार गया।।

पीकर भांग नचे बजरंगी

घर में है पत्नी अधनंगी, पीकर भांग नचे बजरंगी,
आटा है पर दाल नहीं, शब्जी में भी प्याज नहीं,
अग्नि पड़ी चूल्हे की ठण्डी, पीकर भांग नचे बजरंगी।।

जब से ग्लोवल इकनोमी आयी, खेती की घट गई कमाई,
अर्थतन्त्र ने उसे रूलाया, कैसा उल्टा चक्र चलाया,
घर में है हर बात की तंगी पीकर भांग नचे बजरंगी।।

घूँट लहू का पीना होगा, अभाव में ही जीना होगा,
जीवन की तपती दोपहरी, मिले हवा भी कैसे ठंडी, पीकर भांग
नचे बजरंगी।।

घुस कर आया बण्डा

जानवरों के रेबड़ में घुस कर आया बण्डा।
हर प्राणी पर खौप छा गया तंग करेगा बण्डा।
एक साण्ड था बिना पूँछ का कहलाता था बण्डा।
जानवरों का शासक बन बैठा चला कोई हथकंडा।
पैदा होते समय न होता बछड़ा कोई बण्डा।
बचपन से वह उत्पाती था करता झगड़ा टण्टा।
मगर मच्छ से ताल मिलाता शेरों को भी पास बिठाता।
मगर मच्छ ने पूँछ चबाई साण्ड हो गया बण्डा।
शासक बनकर बण्डा आया आते ही फरमान सुनाया।
मूँछों वाला कोई जानवर चाहे हो मुछमुण्डा।
हाथ उठा कर कहना होगा सबको हर-हर बण्डा।
चूहे और खरगोश-बिलाई मिलकर बोलो बण्डा।
जहाँ हमारे चरण पड़ेंगे ध्वनि गूँजेगी बण्डा।
बकरे मुझको नहीं पसन्द है उनसे मुक्ति चहूँगा।
दाड़ी वाले हर बकरे को और देश पहुँचाऊँगा।
शेष बचे सारे बकरों को काली की भेंट चढाऊँगा।
बकरा-मुक्ती अभियान चलाकर अजाजीत बन आऊँगा।
रेबड़-प्रेमी का तमगा हर छाती पर लटकाऊँगा।
मेरी एक आवाज पर सारे मिलकर पूँछ हिलायेगी।
कदम-कदम पर चलते-चलते बण्डा-बण्डा गायेंगे।
हाथी स्वर्ग पहुँच जाये पर पूँछ अटक जाती है।
धर्म ग्रन्थ यह मान चुके हम भी इतना जान चुके।
जब तक पूँछ हमारी है दुविधा कितनी भारी है।
पूँछ रहेगी जब तक तन पर सारे नरक निवासी है।
इसीलिये तो बण्डा कल्चर मैं रेबड़ में लाऊँगा।
सभी एक धर्मी बन जाओ मिलकर पूँछ कटाऊँगा।।

आदमखोर शेर

मीडिया वालों की सांस अटकी, सुनो तेंदुआ आ गया।
भगो तेंदुआ आ गया बचो तेंदुआ आ गया।
मेरठ कैंट में शोर मचा है खौप का मंजर छा गया।
आदमखोर तेंदुआ आया हर बन्दा घबरा गया।
पुलिस साथ सेना भी आयी वन विभाग की टीम भी आयी।
सांसें अटकी हैं लोगों की कैसा करफ्यु छा गया।
सभी ने मिलकर उपाय सुझाया एक बड़ा पिंजरा मंगवाया।
मुर्गे का भोग लगाने के लालच में वो पिंजरे में आ गया।
आज हमारे अर्थ तन्त्र में आदम खोर अनेको आये।
आदम खोर शेर आया है घास नहीं खा पायेगा।
जबड़े में फंसी हुई जनता को आकर कौन छुडायेगा।
सम्मुख आने वाला प्राणी कालग्रास बन जायेगा।
जंगल का रास्ता त्याग शहर में जंगल का राजा आ गया।
हर चेहरे पर खौप छा गया, कालदूत जो आ गया।
शेर लहू का प्यासा है हर कोई दिखे रुंआसा है।
जंगल के भटके शेरों के चेहरे पर रक्त पियासा है।
दुनियाँ के इस कजरी वन में तरह तरह के शेर हैं।
कुछ नेताओं के पिछलग्गू है कुछ के नेता ही पिछलग्गू।
अर्थ तन्त्र के शेरों के आगे जनता कितनी कमजोर है।
सत्ताधारी शेरों के आगे जंगलराज भी बौना है।
वो खाता दो एक जानवर ये देश हजम कर जाते हैं।
साठ-गांठ का खेल रचाकर आदम खोर बन जाते हैं।
दो चार जनों की बात नहीं जग सारा इनके चंगुल में।
वोट बैंक का खेल रचा है दलितों से भी प्रेम जगा है।
रोहित वेमूला दलित छात्र की मौत का मुहँ पर खून लगा है।
शेरों ने मिलकर खेल रचाया हिरन के सिर पर मुकुट
सजाया।
पूजा का प्रसाद बनाकर मिलकर उसका भोग लगाया।
शेर लहू का प्यासा है मेकइन इण्डिया सिर्फ तमाशा है।
शेर के जबड़े में फंसी इण्डिया का मेक इन इण्डिया क्या होगा।
शेरों की छीना-झपटी में हर धन्धा फिर चौपट होगा।।

शकूरबस्ती पर बुलडोजर

सामाजिक आर्थिक-राजनीतिक न्याय का ढोल बजता रह गया,
देश का विपन्न मानव पिटता सड़क पर रह गया,
खीर कऊआ खा गया, खाली कटोरा रह गया,
भूख से तड़फा हुआ मुन्ना बेचारा रह गया।

अहंकार का दुष्ट दुशासन घाव गहरा दे गया,
माशूम सुता की मौत पर परिवार रोता रह गया,
कोई बेदर्द हाकिम बुलडोज झुग्गी कर गया,
जाड़े की सर्द रात में मुन्ना ठिठुरता रह गया।

कोर्ट ने गुस्सा दिखाया और बस इतना कहा,
शैतानियत का नाच नंगा आज यहाँ पर हो गया,
कोर्ट के सम्मुख पधारा बुलडोजियर हाकिम,
अपने कृत्य पर खेद प्रकट कर दंड से भी बच गया।
इस प्रकार के खेद से क्या मृतक सुता आ जायेगी?

शोक संतप्त परिवार को संजीवनी मिल पायेगी,
प्रशासन की नियत पर प्रश्न खड़ा ही रह गया,
प्रशासन अंधा हुआ तो न्याय की धज्जियाँ उड़ी,
न्याय-धर्म का हर नारा भी खोखला ही रह गया।

नारी के सम्मान का जब चीर सड़क पर खिंच गया,
न्यायालय की सूली पर कानून लटका रह गया,
फसल उजाड़ कर बन्दर सत्ता शिखर पर चढ़ गया,
दण्ड में कुत्ता बेचारा पिटता सड़क पर रह गया।।

साधू वाला ओढ़ के चोला

साधू वाला ओढ़ के चोला, शैतान कहाँ तक आये हैं।
आज देश के आसमान पर धूमकेतु बन छाये हैं।
चहुँ दिश घोर अंधेरा है यह शैतानों की माया है।
राजनीति के सूरज को राहू ने ग्रास बनाया है।
गंगा भी उल्टी बहती है, बाढ़ खेत को खाती है।
साधू वेश में शैतानों की सेना कहर मचाती है।
सब कुछ उल्टा-पुलटा चलता है शासक जनता को छलता है।
लुंज-पुंज आदर्श हो गये, मन्दिर-मसिजिद गुरूद्धारे शैतानों
की जागीर होगी है।
धर्म का सौदा कर डाला है धर्म के ठेकेदारों ने।
आज देश को लूट लिया है मिलकर पहरेदारों ने।
धर्म ग्लानि की वेला में जनता को आज संभलना होगा।
धर्म युद्ध की ध्वजा उठा कर समर भूमि में चलना होगा।
खुद को कृष्ण बनाकर अब शैतानों से लड़ना होगा।।

साधू भेष में छुपे भेड़िये

साधू भेष में छुपे भेड़ियों को न्याय का पाठ पढाना होगा।
लोकतन्त्र के कानूनों से अवगत इन्हें कराना होगा।
अपराधी आशारामों का जेल ही उपयुक्त ठिकाना है।
रंगे हुए वाचालों के मुख पर लगाम लगाना है।
द्रुपद-सुता के कटुवचनों ने महाभारत युद्ध कराया था।
जब द्रुयोद्धन को उसने अंधों का लाल बताया था।
केवल कपड़ो के रंगने से, साधू न कभी बन पाओगे।
वाणी संयमित नहीं होगी, रंगे सियार कहलाओगे।
मजलूमों की सेवा का भाव लिये तुम सत्ता तक आये हो।
राज धर्म को भुला चुके अब कुटिल नीति अपनाते हो।
अपनी केचुल से बाहर निकलो न्याय-धर्म की बात करो।
सौहार्द भाव को अपनाओ मत सद्भावों पर आघात करो।।

साधू बना हुआ शैतान

देख तेरे संसार की हालत क्या हो गई भगवान,
	कि साधू बना हुआ शैतान।।
औरों का उपदेश सुनाते, खुद को ही भगवान बताते,
नव-यौवन पर लार गिराते मन्दिर को ही हरम बनाते,
भोग कर्म को कहते ध्यान।
	कि साधू बना हुआ शैतान।।
तन के उजले मन के काले, इनके किस्से बड़े निराले,
कान्हा बनकर रास रचाते राक्षसी भोगवाद अपनाते,
नारी का करते अपमान।
	कि साधू बना हुआ शैतान।।
झूठ ही लेना झूठ ही देना, झूठ ही भोजन झूठ चबेना,
झूठ के दम पर महल बनाते झूठा हर व्यापार चलाते,
झूठ का सिर पर धरे वितान।
	कि साधू बना हुआ शैतान।।
राजनीति में सन्त पधारे, मुफ्त के मोहरे बने बेचारे,
रंगे सियार से दीख रहे है, शास्त्र ज्ञान सब भूल चुके है,
कौन कहेगा इन्हे महान।
	कि साधू बना हुआ शैतान।।
देख तेरे संसार की हालत क्या हो गई भगवान।
	कि साधू बना हुआ शैतान।।

बड़े नासमझ हो, क्या चाहते हो?

नेताओं से एहदे वफा चाहते हो।
बड़े नासमझ हो, क्या चाहते हो?
देते है जनता को हरदम धोखा,
चूके न अब तक कोई मौका,
गुनाहों के बुत पूजना चाहते हो,
बड़े नासमझ हो, क्या चाहते हो?
जीते नहीं हैं नेताओं के मारे,
दंगों में कितने घरौदे उजाड़े,
खूनी फूलों की माला गूथना चाहते हो,
बड़े नासमझ हो, क्या चाहते हो?
भोले बन्धू होश संभालो,
बेईमानों से देश बचालो,
कुर्सी पे इन्हें देखना चाहते हो,
बड़े नासमझ हो, क्या चाहते हो?
सत्ता का नापाक घेरा बना के,
लूटा है हमको भरोसे में लाके,
लुटेरों को सत्ता सौंपना चाहते हो,
बड़े नासमझ हो, क्या चाहते हो?
रास्ते से भटके हैं चन्दा-तारे,
भरोसे के काबिल नहीं जो हमारे,
रोशनी चोरों से ही रोशनी चाहते हो,
बड़े नासमझ हो, क्या चाहते हो?

गीत क्रान्ति का गाता हूँ

गीत क्रान्ति का गाता हूँ और सोया अलख जगाता हूँ,
भारत का रहने वाला हूँ भारत की बात सुनाता हूँ,
अपना भारत वो भारत है जिसके पीछे इतिहास चला,
भ्रष्ट जनों की करतूतों से भूखों नंगों को बीच खड़ा,
ये सोच के मैं पछिताता हूँ।
भारत का रहने वाला हूँ।।

जीता हो किसी ने लोगों को हमने तो दिलों को जीता है,
जन-जन का खून खौलता है कोई खून हमारा पीता है,
दिल के अन्दर सोई हर चिंगारी भड़काता हूँ।
भारत का रहने वाला हूँ।।

नेता अफसर-पूँजी वाले इनके भ्रष्ट आचरण सारे,
इनकी काली करतूतों के किस्से सभी सुनाता हूँ।
भारत का रहने वाला हूँ।।

विकलांगों की वैसाखी खाते फर्जी सारे बिल पकड़ाते,
फिर भी रोज तरक्की पाते भ्रष्ट जनों की करतूतों का,
इक इक राग सुनाता हूँ।
भारत का रहने वाला हूँ।।

दिल्ली है दिल वालो की होना सके दलालों की,
इसकी रक्षा करने को अब समर भूमि में आता हूँ।
भारत का रहने वाला हूँ।।

जनमन में आक्रोश जगा है आम आदमी जाग उठा है,
राजनीति की करो सफाई मैं झाड़ू लेकर आता हूँ।
भारत का रहने वाला हूँ भारत की बात सुनाता हूँ।।

लाखों जनता इस भारत में

लाखों जनता इस भारत में, सिंह पुरूष ढूंढे न मिला,
देख के भारत की बदहाली, दिल मेरा चुप चाप जला।
	किस्मत का है नाम मगर ये काम है सत्ता वालों का
	फूँक दिया है चमन हमारे ख्वाबों और ख्यालों का।
सौ-सौ सदियों से लम्बी भ्रष्टाचारी रैन नहीं ढलती,
भ्रष्टाचार के अंधियारे में जनता पग-पग गई छली,
जी करता है खुद ही फूँक दूँ भ्रष्टचार का लाल किला।
	लाखों जनता इस भारत में।।
नेता आते चले गये पर हमतो हरदम छले गये,
सत्ता बदली पार्टी बदली भ्रष्टाचार फिर भी न मिटा,
बिना व्यवस्था परिवर्तन के जनता का होगा न भला।
	लाखों जनता इस भारत में।।
परिवर्तन की शुबह सलोनी परिवर्तन का बिगुल बजा,
भ्रष्टाचार के अंधियारे में आशा का एक दी जला,
लाखों जनता इस भारत में सिंह पुरूष भी आन मिला,
आज कारवां नवोदय का जनता को ले साथ चला।
	लाखों जनता इस भारत में।।

उठा लो चक्र बनवारी

उठा लो चक्र बनवारी धर्म की हो चुकी ख्वारी,
दुष्ट जन साधू बनकर के सभा के बीच आये हैं,
अंध-जन बैठे सत्ता पर बन्धी है आँख पर पट्टी,
द्रौपदी बन चुकी जनता दुशासन चीर हरता है,
चखा है स्वाद सत्ता का गुरुजन सिर झुकाये हैं।
        उठा लो चक्र बनवारी।।
लुटी जब द्रौपदी बस में कहाँ सोये थे बनवारी?
नग्न थी जब पड़ी पथ में न कोई वस्त्र दे पाये,
वचन गीता के प्रभू तुमने भुलाये हैं।
        उठा लो चक्र बनवारी।।
धर्म की हानि की वेला युद्ध की हो चुकी तैयारी,
दुष्ट जन खास दल-बल के रण बीच आये हैं,
सारथी बन कर आजाओ देश तुम्हरे हवाले है।
        उठा लो चक्र बनवारी।।
नये कानून बना कर सत्य पर लगा रह पहरे,
शैतान भी साधू बनकर जनता को ही छलते हैं,
अंधेरा है घनेरा पड़े धूमिल सितारे हैं।
        उठा लो चक्र बनवारी।।
चहुँ दिश लुट रही जनता लूट में नेता भी शामिल,
रक्षक जब बने भक्षक कोई कैसे बच पाये,
बचा लो आज आकर लाज तुम्हरे हवाले है।
        उठा लो चक्र बनवारी।।

कुनबा बढ़ाने की फिकर

उन्हें अपना कुनबा बढाने की फिकर है,
छतरी को तम्बू बनाने की फिकर है।

मुझे चिरागों को फिर से जलाने की फिकर है,
उन्हें गैरों के चिरागों को बुझाने की फिकर है।

मैं चाहता हूँ परिंदों को नया घर मिले,
स्वार्थ उनका घरौंदो को जलाने से सधे,
मुझे जमाने को खुशियाँ दिलाने की फिकर है,
उन्हें मेरा भी वजूद मिटाने की फिकर है।।

विपदा कितनी भारी है

विपदा कितनी भारी है,
    मत बूझो क्या बीमारी है?
खड़ी फसल पर पड़ गया ओला,
    हर किसान का धीरज डोला,
फसल गई फिरमारी है,
    मत बूझो क्या बीमारी है।

महंगा बीज खाद भी महंगी,
    लागत और सिंचाई महंगी,
सिर पर कर्जा भारी है,
    मत बूझो क्या बीमारी है।

बोझ पड़ा इतना छाती पर,
    चन्दू झूल गया फांसी पर,
घर में बिटिया कुमारी है,
    मत बूझो क्या बीमारी है।।

दुनियाँ के बुत खाने में

दुनियाँ के बुत खाने में इंसान तराशे जाते हैं,
मजहब की भट्टी में पिघलाकर सांचों में ढाले जाते हैं,
जो कहते बुत परस्त नहीं, बुत बने दिखाई देते हैं,
मजहब के ढांचों में ढले हुए क्या खूब दिखाई देते हैं।

जंगे मैदा में खड़े हुए बुत से बुत टकराते हैं,
इंसान उन्हें कैसे कह दूँ इंसा का खून बहाते हैं,
खास धर्म की बात नहीं दुनियाँ भर का यह रोना हैं,
सम्प्रदायिक लोगों की नजरों में इंसा तो एक खिलौना है।

अन्ध श्रद्धा की भट्टी में इंसान तराशे जाते हैं,
गणवेश कोई पहिना कर साँचों में ढाले जाते हैं,
दुनियाँ की रंग शाला में शब्द तराशे जाते हैं,
धार्मिक चोला पहिनाकर नारों में ढाले जाते हैं,
नारे टुकड़ों में बांट रहे मजहब का झण्डा गाढ रहे,
शैतानी फितरत के लोग जहां में जहर की पुड़िया बांट रहे।

अपने छोटे से जीवन में खुला तमाशा देखा हैं,
ऐसे-वैसे लोगों को भगवान भी बनते देखा हैं,
दुनियाँ के इस वर्क-शाप में भगवान तराशे जाते हैं,
किसी एक बुतखाने में सादर बैठाये जाते हैं।

माँ सन्तोषी और वैष्णवी नवदेवी बन आयी हैं,
अवतरित होकर नई शक्तियाँ आसमान पर छाई हैं,
शैतानी प्रवृत्ति के लोगों को भगवान भी बनते देखा है,
अपनी ओछी हरकत से जेलों में सड़ते देखा है।

एक फकीर था भोला-भाला रुखी-सूखी खाता था,
ठण्डा पानी पीकर वह मन्दिर में सो जाता था,
सूखा टुकड़ा रोटी का अगर कहीं पा जाता था,
उसे डुबो कर पानी में प्रेम पूर्वक खाता था।

सबका मालिक एक वही है मन्दिर मस्ज़िद में भेद नहीं,
उसका प्यारा नारा था सहज रूप से वह लोगों को प्यारा था,
मरने के बाद उसे भगवान की पदवी तक पहुँचा था,
पत्थर की मूर्तियों में तराशा सिर पर सोने का छत्र सजाया।

रुखी-सूखी खाने वाले को मोहन भोग लगाये जाते हैं,
फटी चुन्दरिया वाले को स्वर्णाभूषण पहिनाये जाते हैं,
दुनियाँ की रंग शाला में क्या-क्या रंग दिखाये जाते हैं
बौने कन्धों पर कितने भगवान बिठाये जाते हैं।।

आसमां पर इन्द्र धनुष

आसमां पर इन्द्रधनुष छाया हुआ है आजकल,
प्रेम की फिर कोई बरसात होनी चाहिए,
दूषित राजनीति की हरचाल दुरंगी हो चुकी,
उनके दिलों का कलुष भी बस आज धुलना चाहिए,
सामन्ती सोच मंण्डित जो रंगीले श्रृंगाल हैं,
लोकतान्त्रिक मूल्यों की समझ उन्हें भी चाहिए।

वाणी भी दूषित हुई है विखण्डित आचरण से,
हदृय के अन्ध-कूप में मानवता की धूप पड़नी चाहिए,
रोटियाँ सद्भाव की तोड़े सभी उस पेड़ से,
डाली-डाली इंसानियत की फसल उगनी चाहिए।

जुमले बाजों की राजनीति से बचकर रहे सब लोग यहाँ,
राजनीतिक समझ इतनी अब हमें भी चाहिए,
शैतानी करतूत से आदम जात बचकर रहे,
ज्ञान की अविरल गंगा भी बहनी चाहिए।

स्वदेशी का मोह त्याग आयातित पूँजी पर लट्टू हुये,
ऐसे नेताओं को रब्बा! सद्बुद्धि मिलनी चाहिए,
विदेशी पूँजी के फेर में देश कुछ दीवालिया हुये,
इस दुश्चक्र से भारत को बचाना चाहिए।

मित्र धन्ना सेठों के हवा में क्यों कर उड़ रहे,
उस हकीकत की समझ जनता को होनी चाहिए।।

कुत्ता कल्चर भारी है

दिल्ली हो चाहे कलकता, भौंक रहा कुत्ते पर कुत्ता,
कुत्तों ने मिलकर किया तमाशा, दुनियाँ को गलियों में बांट दिया,
कुत्ते झंसानों को बांट रहे हैं, अपना मतलब गाँठ रहे हैं,
आम आदमी दुर्बल देखा, उसे दौड़ कर काट रहे हैं,
मोटे चोर पैसे वालों के जाकर तलवे चाट रहे हैं।

संघ शक्ति कलियुग में आयी, ध्वनि कानों तक उनके आई,
कुत्तों ने पंचायत बुलाई संघवाद ने सद्गति पाई,
बोले मिलकर संघ बनाओं कुत्तों को भी न्याय दिलाओ,
हाथी गैड़ा और बघेरा कहीं कहीं मिल पाते हैं।
पर कुत्तें तो सहज रूप से गली-गली दिख जाते हैं,
दुनियाँ में कोई ठौर नहीं जहाँ कुत्तों का दौर नहीं,
इसीलिये तो आज जरूरत इण्टर नेशनल संघ बनाओ,
कूकर देव को पट्टा पहिनाकर उच्चासन पर फिर से
बैठाओ।

पट्टा ही गणवेश हमारा, पूँछ हमारी झण्डा प्यारा,
जो हरदम ऊँचा रहता है टाँगों में भी छिप सकता है,
हर कुत्ते को सहज रूप से कुत्ता कल्चर प्यारी है,
इसके महिमा मण्डन की अब पूरी तैयारी है।

हर कल्चर एक ओढ लबादा अपनी पहिचान बनाती है,
निर्वसन हमारी कुत्ता कल्चर आदिम युग तक जाती है,
इसी लिये तो कुत्ता कल्चर आदिम और पुरानी है,
दुनियाँ से हम कुत्तों की अपनी पहिचान पुरानी है।

नग्न कालिका भैरव दानों आदि देव कहलाते हैं,
कूकर देव को सहज रूप से दोनों ही अपनाते हैं।

कल्चर कोई पूर्ण नहीं गर कूकर देव का साथ नहीं हैं,
आदि सनातन कूकर कल्चर सबसे रही महान है,
नग्न सत्य ही इस दुनियाँ में अपनी तो पहिचान है।

पूँछ हिलाना और छुपाना इस कल्चर की जान है,
दुर्बल कोई गली में आये उस पर हाबी हो जाते हैं,
इसीलिये तो मित्रों! हम भी गलियों के शेर कहे जाते हैं,
कोई जो भारी पड़ जाये उस पर पूँछ हिलाते हैं,
चाटुकारिता की कला दिखा कर तलवे भी सहलाते हैं।

जंगल के कानून सभी कुत्ता कल्चर अपनाती हैं,
जंगल में जो हो सकता है वो करके दिखलाती हैं,

ऐसी महान संस्कृति को हर घर तक पहुँचाना है,
सुन्दर सा पट्टा पहिनाकर पिल्ले वहाँ बिठाना है,
देशी हो चाहे विदेशी कुत्ता तो बस कुत्ता है,
कुत्ता कल्चर में पला बड़ा हर कुत्ते का पिल्ला है,
संगति में आने वाले को अपना हमें बनाना है,
कुत्ता कल्चर का पाठ अनौखा दुनियाँ को सिखलाना है।

सांस्कृतिक अधिनायक वाद का छुपा एजेण्डा अपना लेकर
आयेंगे,
दुनियाँ के कोने-कोने में ध्वज अपना फहरायेगें,
संगति ही गुण उपजे संगति ही गुण जाये,
कुत्तों की संगति से बन्दा तथा रूप हो जाये,
दुनियाँ को हम जीत चुके घर-घर पैंठ हमारी है,
इसीलिये तो कुत्ता कल्चर आज सभी पर भारी है।।

राक्षस राज

सत्ताधारी राक्षस जब-जब, नारी का मान घटायेगा,
देश का हर बच्चा-बच्चा, स्वयं राम बन जायेगा,
लोकतन्त्र का यही तकाजा, सारे मिलकर राम बनो,
राक्षसों का संहार करन को दुर्गा और हनुमान बनो।

राक्षसों की पहिचान क्या है, कोई गूढ ज्ञान नहीं,
धर्म ग्रन्थ को खोल के देखों मिल जाते प्रमाण कई,
भोगवादी मूल्यों का हामी राक्षस माना जायेगा,
त्याग भाव से जीने वाला सदा राम कहलायेगा।

बार-बार जो रंग बदलता, अहंकार शिर ऊपर रखता,
दुनियाँ को दहलाने वाला रावण माना जायेगा,
राक्षसी वेला में सत्ता पाने से दुष्ट योग लग जायेगा,
जहाँ-जहाँ उसके चरण पड़ेंगे, वहीं जलजला आयेगा।

बैर-भाव जनता में होगा सूखा भी पड़ जायेगा,
पुष्पक विमान रावण को प्रिया था उससे आता जाता था,
वही मोह विमान यात्रा का राक्षस राज दिखायेगा,
सूपनखाँ सी भगिनी उसकी, एक प्रान्त की शासक थी,
वैसी ही कोई नारी सत्ता पर लेकर आयेगा।

देवताओं को वश में करके वो बेगार कराता था,
लोगों को धमका कर वह भी अपना राज चलायेगा,
रावण परम ज्ञानी था, ऐसा माना जाता है,
खुद को विद्वान सिद्ध करने को नितप्रति ढोल बजायेगा,
मन्दोदरी सी नारी का उसने सम्मान गिराया था,
अवहेलना करके रानी की सीता को हर कर लाया था।

सन्नारी पत्नी का वह भी मान नहीं रख पायेगा,
राक्षसी वृत्तियों के सत्ता पाते ही खेल शुरु हो जाता है,
मंहगाई आपाधापी से जीवन मुश्किल हो जाता है,
चहूँ ओर कुहंराम मचा है विपत्ति का बादल छा गया,
लगता है फिर सत्ता पर कालमेघ कोई आ गया।।

शैतानों का करो सफाया,
रख लो तीर कमानों में

चुप्पी तोड़ो जड़ता छोड़ो, जंग लड़ो मैदानों में,
शैतानों का करो सफाया, रखलो तीर कमानों में।

धर्म को धन्धा बना लिया है चोरों और शैतानों ने,
जहर का बूटा रोप दिया है, छिपकर देव स्थानों में,
भेदनीति की बात करे ये, धर्म के नाम से ढोंग परोसे,
जहर फिजा में घोल दिया है, मिलकर बेईमानों ने।

धर्म की बूटी सुंघा रहे हैं, मतलब अपना गांठ रहे हैं,
धर्म भीरु भोली जनता से मोटा चन्दा ऐठ रहे हैं,
निज हित की योजना बनाये धर्म का उसमें छौंक लगाये,
लूट रहे हैं ये जनता को चिकनी चुपड़ी बातों में।

धर्म के नाम से ट्रस्ट बनाते खोटे करोबार चलाते,
खोटी चीजें बेच रहे हैं, मोटा नामा ऐंठ रहे हैं,
फंसी हुई है भोली जनता, ढोंग भरी इन चालों में,
खुद को ही भगवान बताते, धर्म का उल्टा चक्र घुमाते,
धर्म का बेड़ा गरक किया है कुछ ढोंगी शैतानों ने।

बात-बात में देते धोखा, दुष्ट नीति जनता को छलते,
जेल की रोटी तोड़ रहे हैं, बैठे कारागारों में,
धर्म का मर्म समझना होगा शैतानों से लड़ना होगा,
चुप्पी तोड़ो जड़ता छोड़ो जंग लड़ो मैदानों में,
शैतानों का करो सफाया रख लो तीर कमानों में।।

मैं बेचारा हूँ

मैं बेचारा! मैं बेचारा!! मैं बेचारा हूँ!!!
लोगों मुझ पर रहम करो;
ता उम्र बेचारा हूँ
अपनी बेचारी पत्नी का
पति कुंवारा हूँ।
     मैं बेचारा! मैं बेचारा!! मैं बेचारा हूँ!!!

बाप मेरा था निपट अनाड़ी
बच्चे सात बना डाले
बेचारी अम्मा ने सारे
भाण्डे मलकर ही पाले
मुफलिसी चादर में लिपटा
सदा बेचारा हूँ।
     मैं बेचारा! मैं बेचारा!! मैं बेचारा हूँ!!!

रेल में चाय बेचकर मैंने
धक्के खाना सीख लिया
जिन्दगी की गाड़ी का
धक्के मार बेचारा हूँ
     मैं बेचारा! मैं बेचारा!! मैं बेचारा हूँ!!!

धक्के खाना धक्के देना
अपना जीवन ध्येय बना
जो भी मेरे सम्मुख आया
मैंने धक्का मार दिया
धकापेल की राजनीति का
बड़ा सितारा हूँ।
        मैं बेचारा! मैं बेचारा!! मैं बेचारा हूँ!!!

राजनीति की पगडण्डी पर
जिस नेता ने मुझे चलाया
पावं जमाकर राजनीति में
मैंने धक्का मार दिया
तोता चश्मी राजनीति का
राजदुलारा हूँ।
        मैं बेचारा! मैं बेचारा!! मैं बेचारा हूँ!!!

हर चीज बिकाऊ है

इस बाजारु दुनियाँ में हर चीज बिकाऊ है,
शोकेसों में सजा हुआ हर माल बिकाऊ है,
जिसकी जेबें भरी हुई हर माल वही ले जायेगा,
जो कड़का है दीन हीन है खड़ा-खड़ा पछितायेगा,
लाचारी में पड़ा हुआ इंसान बिकाऊ है।

धन्धे वाली वस्ती है हर चीज यहाँ बिकने आयी,
कुछ हीरों के भाव बिके कुछ कूड़े के साथ तुले,
अपनी-अपनी कीमत पर हर गदहा बिकाऊ है।

नामची अभिनेता जो मोटा पैसा लेता है,
साबुन रेपर छपा हुआ मेरा यार बिकाऊ है।

मोम की पुतली दिखती है और चाल मट्टटका चलती है,
विश्व मोहिनी हीरोइनः हर अदा बिकाऊ है।

जहर की पुड़िया दिखती है बदनाम बाग में रहती है,
बेचारी इस नागिन की हर रात बिकाऊ है।

बोलो क्या खरीदोगे गहने-गुरिया बेताब जिगर,
पैसे वाली दुनियाँ है सपनों का महल बिकाऊ है।

तुम गुण्डे हो बाहुवली हो फिर भी क्या ले पाओगे,
दो पैसों के लालच में खड़े-खड़े बिक जाओगे,
नोटों की हरियाली पर हर गुण्डा यहाँ बिकाऊ है।

फना हुये वो लोग बेचारे! आदर्शों पर मरते थे,
अपने उसूलों खातिर फांसी पर भी चढते थे,
दुनियाँ के इस मेले में भक्ती-भाव बिकाऊ है।

धर्म ध्वजा को हाथ लिये चक्रवर्ती बनने आये,
अन्ध स्वार्थ वश धनवालों के चरणों में गिरते पाये,
मन्दिर में सज कर बैठी हर मूरति यहाँ बिकाऊ हैं।

राजनीति की मण्डी में जाति धर्म को बेच रहे,
पण्डित ने पोथी बेची कठमुल्ले फतवा बेच रहे,
पूजा और अजानों से बाजार वाद की बू आयी,

हमने जिसको अपना माना खुदा बिकाऊ है।
राजनीति की नीति न कोई आड़ी-तिरछी चलती है,
भोले वोटर को आखिर क्यों जुमलेबाजी छलती है,
हमने जिसको चुनकर भेजा प्रतिनिधि मेरा बिकाऊ है।

नेता बिकते अपसर बिकते वकील न्याय भी बेच रहे,
जज की आँखों पर पट्टी है लिखिया क्लिर्क बिकाऊ है।

मैं अपना सर्वस्व बेचने इस मण्डी में आया हूँ,
जो धड़कन को पंख लगाये गीत बिकाऊ है।।

अहिंसा की निर्मल चादर पर

अहिंसा की निर्मल चादर पर खून के छींटे डाल गये,
जिन्हें गोडसे याद रहा वो दया धर्म ही भूल गये।

कदम-कदम पर आज देश में हिंसा का ही दौर चला,
जो सत्ता के हुये दीवाने मानवता ही भूल गये।

सेठों के तलवे मलते हैं चारा उनका गटक रहे,
जनता का खून चूसने वाले मानवता ही भूल गये।

सपन सलौने दिखा देश को छलिये जुमलेबाज बने,
उनकी कथनी का मोल क्या जो शर्म-हया ही भूल गये।

करम फूट गये आज हमारे नेता बेईमान मिले,
कूकर ऐसे भौंक रहे है इन्सानियत ही भूल गये।

तरह-तरह के ओढ मुखौटे छलिये हमको छलते हैं,
रावण जैसा अट्टटहास है मर्यादा ही भूल गये।

काले धन का पेड़ लगाया ऑफिस फाइव स्टार बनाया,
महाराजे भी मात हो गये आदर्शों को भूल गये।

नायिक में खलनायिक बैठा जनता पर कोड़े बरसाये,
खुद को नायिक कहने वाले मूल धर्म का भूल गये।।

उनके प्रेम निवेदन को

उनके प्रेम निवेदन को समझ हम भी नहीं पाये,
खोट कुछ दिल में मेरे थी कि मिलने वो नहीं आये।

छुपे पर्दे में बैठे हैं सामने भी नहीं आये,
लाज का घूँघट मुखड़े से हटा भी नहीं पाये।

दिल की धड़कन में प्रेम का साज बजता है,
उनकी प्रेम-रागिनी को समझ हम भी नहीं पाये।

हवा में पद चाप उनकी है कदम खुद साथ उठते हैं,
उनके कदमों से कदम हम मिला नहीं पाये।

फूलों में छुपे बैठे मुस्काकर लुभाते हैं,
गले लगाऊँ कैसे बाहों में वो नहीं आये।

चमन में खुशबू उनसे है बागों में बहार भी उनसे,
कली के चेहरे पर निखार भी उन्ही से है,
दिल में हूक होती है उन्हें हम छू नहीं पाये।

तस्वीर आँखों में धुँधली सी उभर आयी,
दिल के आँगन में दिये की लौ झिलमिलाई,
धड़कन बेसुध हुई मिलने वो नहीं आये।

उनके प्रेम निवेदन को समझ हम भी नहीं पाये,
खोट कुछ दिल में मेरे थी कि मिलने वो नहीं आये।।

प्यार में धोखा दिया

प्यार में धोखा दिया हम हाथ मलते रह गये,
धीरे-धीरे वो हमारे दूर दिल से हो गये।
कैद का घर में हमें ऊँचे गगन में उड़ गये,
दीवारों में कैद हम महरूम घर से हो गये।
     प्यार में धोखा दिया हम हाथ मलते रह गये।।

वो हमें अपना न समझे रिस्ते में कुछ खास हैं,
जहर देकर जान लेले हम सदा तैयार हैं,
प्यार का बूटा लगाया रक्त से सींचा सदा,
उपवन अभी महका न था आगी लगाकर चले गये।
     प्यार में धोखा दिया हम हाथ मलते रह गये।।

प्यार के खेल में राजनीति के पियादे मिले,
अपनी कुचालों से सदा मात मुझे देते रहें,
आसमान पर चलते हुये पद दलित भी करते गये,
मिट्टी में मिलाकर मुझे ऊँचे गगन में उड़ गये।
प्यार में धोखा दिया हम हाथ मलते रह गये।।

धर्म रक्षा का मैंने सदा बीड़ा उठाया,
अंगारों पर चलते हुये भी प्रण निभाया,
धार्मिक आयोजन में उनको बुलाया,
निमत्रण ठुकराकर दूर हम से हो गये।
     प्यार में धोखा दिया हम हाथ मलते रह गये।।

नारी धर्म की आन हम निभाते रहे,
उनके नाम का सिंदूर भी सजाते रहे,
वो नकली साधू बने दूर हम से हो गये,
घर की दहलीज लाँघी नकली हिन्दू बन गये।
        प्यार में धोखा दिया हम हाथ मलते रह गये।।

दिल से मुझको दूर रखा दिल उन पर कुर्वान हैं,
भारतीय संस्कृति में नारियों से जान है,
नारी का मान न रखे ऐसा कोई हिन्दू नहीं,
नारी को ठुकराना भी कोई मर्यादा नहीं,
मारकर ठोकर हमें ऊँचे गगन में उड़ गये।
        प्यार में धोखा दिया हम हाथ मलते रह गये।।

पास न मुझको बिठाया धर्म का परचम झुकाया,
अहंकार के रथ पर उन्हें सदा आरुढ पाया,
धार्मिक अनुष्ठान भी अकेले करते रहे,
नकली हिन्दुओं की जमात से जुड़ते गये।
        प्यार में धोखा दिया हम हाथ मलते रह गये।
        धीरे-धीरे वो हमारे दूर दिल से हो गये।।

तराना जब भी गूँजेगा

तराना जब भी गूँजेगा जमाना नाम बूझेगा,
चोट कैसे दिखलाये लगी जो दिल के अन्दर थी।
मेरी झोपड़ी पर निगाहे अटकी गैरों की,
जिसे हम अपना समझे थे वो दौलत निकली औरों की।

दौलत बेवफा निकली हाथ चूजों के ही आयी,
जिसे हम पत्नी समझे थे वो अम्मा निकली बच्चों की।
किस-किस का नाम गिनवाये सभी ने मुझको लूटा है,
हमारे सीने में किसी ने खन्जर घौंपा है।
अग्नि बुझने लगी अब तो लगी जो दिल के अन्दर थी।

मेरे मरने पर मेरे दुश्मन भी घर आये,
आदर्शों के रूपहले कम्बल से लाश मेरी ही ढक आये।
फरेवी धन्धों में महारथ उनकी ही थी।
चिता तक आकर कफन मेरा ही हर लाये,
मुझे निर्वस्त्र करने में शरारत उनकी ही थी।

निर्वसन खड़ा हूँ चाँद की सुकोमल धरती पर,
निगाहे जम चुकी मेरी अपने ही चरण चिन्हों पर।
मैंने चाहा था प्यार के मनोहर पुष्प लहराये,
उस जमीं पर खड़ी है झाड़ियाँ ही काँटो की।
जमीं पर शूल बोने में महारथ उनको ही थी।

जिन्दगी इक पग फेरा है चाँद पर अपना डेरा है,
जिस घरौंदे पर अपना नाम लिखवाया,
फिसला रेत मुट्ठी से नहीं कुछ हाथ में आया।
बल थके पौरुष घटे किया तब घर से ही बेघर,
शिकायत करे किससे कमी कुछ खूँ में ही थी।
तराना जब भी गूँजेगा जमाना नाम बूझेगा,
चोट कैसे दिखलाये लगी जो दिल के अन्दर थी।।

ये दुनिया प्रेम से ही खूबसूरत है

ये दुनिया प्रेम से ही खूबसूरत है,
मुझे तेरी तुझे मेरी जरूरत है।
काश! मेरी तस्वीर कोई,
तेरी आँखों में उतर आये,
प्यार की खुशबू से जिन्दगी संवर जाये,
बस इतनी ही हमारी जरूरत है।
     ये दुनिया प्रेम से ही खूबसूरत है।।

प्रेम में कभी नफरत नहीं होती,
है नफरत जहाँ मुहब्बत नहीं होती,
न तुम नफरत करो हमसे न हम नफरत करे तुमसे,
बस इतनी ही हमारी जरूरत है।
     ये दुनिया प्रेम से ही खूबसूरत है।।

प्रेम की बात निराली देखी प्रेम प्रफुल्लित डाली देखी,
प्रेम शैतान को फरिस्ता बना देता है,
प्रेम ही इंसान को भगवान बना देता है,
दिल के आयने में झलक जिसकी,
प्रेम की ही सलौनी मूरत है।
     ये दुनिया प्रेम से ही खूबसूरत है।।

प्रेम नगर से दूर खड़े है, शैतानों में वही बड़े हैं,
प्रेम विहीन जिन्दगी वीरान होती है,
प्रेम की नगरी सदा आबाद रहती है,
शैतानों को भी इसकी जरूरत है।
        ये दुनिया प्रेम से ही खूबसूरत है।।

मेरे रब्बा एक काम कर दे,
शैतानी दिलों में जजबात भर दे,
प्रेम के जजबे से शैतान सुधर जायेगा,
दुनियाँ से दुखों का भार हट जायेगा,
शैतानों को इतनी जरूरत है।
        ये दुनिया प्रेम से ही खूबसूरत है।।

मेरे मौला मुझे वरदान दे दे,
प्रेम भरा एक जाम दे दे,
प्रेम मे ही डूबा रहूँ,
बस इतना इनाम दे दे,
पवित्र प्रेम ही हमारी जरूरत है।
        ये दुनिया प्रेम से ही खूबसूरत है।
        मुझे तेरी तुझे मेरी जरूरत है।।

उम्र गुजरी है मेरी इन्तिजार में

उम्र गुजरी है मेरी इन्तिजार में,
उसने मुड़कर न देखा मुझको कभी,
मैंने माना था उसको अपना बली,
दिल ने सहारा न पाया उससे कभी।

रोते-रोते मुझे मौत भी आगई,
दिल ही न पसीजा उसका कभी,
अपने सपनों के पीछे दौड़ा पिया,
गले ही न लगाया मुझको कभी।

मन्दिर में ढूँढा मस्जिद में ढूँढा,
दिल के अँगना न आया मेरा नबी,
सौतिन सत्ता बनी पिसाची,
जबड़े में दबाया मेरा पति।

जीवित रहते हुये मिलना न हुआ,
बाद मरने के आये शायद कभी,
उम्र गुजरी है मेरी इन्तिजार में,
उसने मुड़कर न देखा मुझको कभी।।

खुद को जमाने का खुदा समझते हैं

अपनी नजरों में खुद को,
जमाने का खुदा समझते हैं,
हकीकत उनकी तुम भी समझते हो,
हम भी समझते हैं।

उन्नत आदर्शों को भुला,
दुख के सागर में गिराया,
सीने पर बांध कर पत्थर,
रसातल में पहुँचाया,
उनकी बेवफाई की कहानी,
तुम भी समझते हो,
हम भी समझते हैं।

पाप की गठरी जब खुलती है,
जमाने के खुदाओं की,
वही फिर जेल जाकर,
मूँग दलते हैं,
शैतानी फितरत के हालात,
तुम भी समझते हो, हम भी समझते हैं।

शैतानों की बात निराली बजती एक हाथ से ताली,
घर में छोड़ सुलक्षण नारी मधुवन जाकर रात गुजारी,
उनकी जारज करतूतों को,
तुम भी समझते हो हम भी समझते हैं।

महफिल जाकर ढूंढे लाली,
दुखी रहे अपनी घरवाली,
खुद अपने को खुदा कहे, देते है औरों को गाली,
उनकी नापाक करतूतों को तुम भी समझते हो,
हम भी समझते हैं।

पावर पाते ही खुद-खुदा बन गये,
कन्धों पर अनेकों सींग उग गये,
रावण से भी खुद को बड़ा समझते हैं,
अंहकार की वाणी को तुम भी समझते हो,
हम भी समझते हैं।।

अरे! मछेरे!!

अरे! मछेरे तू छलिया है जनता इतना समझ गई,
तेरी फितरत खोटी निकली जो मत लेकर पलट गई,
तुने सब्जबाग दिखलाया आसमान में पेंच लड़ाया,
आश की डोरी हाथ थमाई जो हाथों से फिसल गई।
    अरे! मछेरे तू छलिया है जनता इतना समझ गई।।

जिन हाथों ने सहारा देकर दूल्हा तुझे बनाया था,
हीरे के परिधानों में घोड़ी पर बैठाया था,
उन हाथों का बना खिलौना जनता सब कुछ समझ गई।
    अरे! मछेरे तू छलिया है जनता इतना समझ गई।।

नीयत तेरी खोटी निकली भेद-भाव अपनाया था,
किसी खास भाव के चलते चारा वही लगाया था,
छोटी मछली हाथ में आयी बड़ी मछरिया निकल गई।
    अरे! मछेरे तू छलिया है जनता इतना समझ गई।।

धनवालों की गोद बैठ कर जनता को शूली लटकाया,
सांठ-गांठ का चक्र चलाकर दल को माला-माल बनाया,
चेले चमचे माल काटते, दम जनता की निकल गई।
    अरे मछेरे तू छलिया है जनता इतना समझ गई।
    तेरी फितरत खोटी निकली जो मत लेकर पलट गई।।

राम भजो बस राम

जीते को सिंहासन मिलता हारे को हरिनाम,
क्यों बैठे हो मुँह लटकाये राम भजो बस राम।
 भाग्य के हाथों छली गई जब मीरा थी हलकान,
 संतों के ढिंग बैठ-बैठ कर मुफ्त हुई बदनाम,
 मनमोहन से प्रीति लगाई सुधर गये सब काम,
 पग घुँघुरू बांध जब नाची मीरा हुये सभी हैरान।
क्यों बैठे हो मुँह लटकाये राम भजो बस राम।
 पत्नी ने तुलसी धमकाया भक्ती का भी पाठ पढाया,
 रामचरित का गायन करके तुलसी बने महान,
 हृदय में भक्ती भाव उँडेला सत्य यही प्रमान।
 क्यों बैठे हो मुँह लटकाये राम भजो बस राम।
 ना घर तेरा ना घर मेरा चिड़िया रैन बसेरा,
 डाल के बैठा इस दुनियाँ में क्यों तू अपना डेरा,
 निज ईश्वर का ध्यान लगा कर करता चल प्रणाम।
क्यों बैठे हो मुँह लटकाये राम भजो बस राम।।

चलती को गाड़ी कहते हैं

चलती को गाड़ी कहते हैं, रंगी हुई होती नारंगी,
इस दुनियाँ की चाल दुरंगी रामनाम भजिले बजंरगी।
भोगवादी जीवन मूल्यों ने ये कैसा अन्याय किया,
नारी के कोमल गालों का हुक्का बना दिया,
चलचित्रों के चित्रपटल पर नाच रही नारी अधनंगी।
इस दुनियाँ की चाल दुरंगी रामनाम भजिले बजंरगी।।

भोगवाद की वस्तु बनाकर बाजारों में बेच रहे हैं,
पैमाइश करके अंगों की पैसों में भी तौल रहे हैं,
बाजारवाद की करतूतों से अकल हुई कैसी बेढंगी।
इस दुनियाँ की चाल दुरंगी रामनाम भजिले बजंरगी।।

चौड़ी छाती कर नचकुद्दे हीरो बनकर घूम रहे हैं,
ऐन्द्रिक ध्वनि पर नंगनाच कर जहर फिजों में घोल रहे हैं,
मजनूँ बनकर गली-गली में घूम रहे अब तो हुड़दंगी।
इस दुनियाँ की चाल दुरंगी रामनाम भजिले बजंरगी।।

मम्मी को देवी कर माना पत्नी का श्रृंगार भी छीना,
सोमनाथ से राह भटक कर जाकर बैठे कन्याकुआरी,
महानायिक कहलाने वाले धर्म-कर्म से निकले ढोंगी।
इस दुनियाँ की चाल दुरंगी रामनाम भजिले बजंरगी।।

रंगमंच पर साधू बाबा ब्रहमज्ञान उँडेल रहे हैं,
पर्दे के अन्दर नारी का नंगा बदन टटोल रहे हैं,
कुछ खोटी नीयत वाले जेल की रोटी तोड़ रहे हैं,
ब्रहम ज्ञान की गंगा में गिरती देखी नाली गंदी।
इस दुनियाँ की चाल दुरंगी रामनाम भजिले बजंरगी।।

हठ योगी भी हठ कर बैठा सबको योग सिखायेगे,
शिवलिंगी में डाल के छल्ला अपना ब्राण्ड बनायेगे,
हनुमान का धीरज डोला अपने धाम गये बजंरगी,
इस दुनियाँ की चाल दुरंगी रामनाम भजिले बजंरगी।।

तोते का रूप बना तुलसी से

तोते का रूप बना तुलसी से, हनुमान जब मिलने आये,
भक्त के मन में क्या चलता है रामचन्द्र ने दूत पठाये।

बूझे तुलसी हनुमान से रामराज कब आयेगा,
रामराज जो आयेगा जनता का कष्ट मिटायेगा।

हनुमान बोले तुलसी से कान खोलकर सुनो स्वामी,
इस दुनियाँ में सत्य बड़ा है सच पर कोई आँच नहीं,
इसीलिये मैं सच कहता हूँ इसमें कोई झूठ नहीं।

विद्यालय परिसर में जब छात्रायें छेड़ी जायेगी,
और पुलिसिया जुर्म से उन पर लाठी भांजी जायेगी,
प्रशासन अपने करतब से आँख स्वयं चुरायेगा,
इसी तरह की करनी से काशी क्योटो बन पायेगा।

लोकतन्त्र का सूरज जब अस्त हिन्द से हो जायेगा,
राजतन्त्र फिर परचम अपना फहरायेगा,
राजतन्त्र आने पर सतयुग पैर पसारेगा,
सतयुग के जाते त्रेता में राजा राम पधारेगा,
अपने राजा राम बनेंगे हनुमत मोद मनायेगा।

तब तक चन्दन घिसो सन्तजी,
दुख को यौं ही भुगतो प्यारे,
सत का आयना दिखा सन्त को,
हनुमाना निज लोक पधारे।।

इंसानो का खून चूसकर

इंसानो का खून चूसकर, जो धरती का बोझ बन गये,
कैसे उनका नाम बताये, चेहरे हैं कुछ बड़े-बड़े।

जनता के टुकड़ों पर पलते पूज्य पुरूष बने बैठे हैं,
अन्धी भगती बेच रहे हैं साधू बाबा बड़े-बड़े।

जनता का पैसा ले भागे धनकुबेर थे बहुत बड़े,
सत्ता उनके साथ खड़ी है, महाचोर जो बड़े-बड़े।

भ्रम जाल कैसा फैलाया जनता ने भी धोखा खाया,
सिंहासन से चिपक गये हैं नेता भी कुछ बड़े-बड़े।

सत्ता की कर रहे दलाली धनवालों के लाल बन गये,
कैसे उनका नाम बताये चमचे है कुछ बड़े-बड़े।

अहंकार का रावण फिर से सत्ता का सुख भोग रहा है,
आम आदमी दलित खड़ा है आँसू लेकर बड़े-बड़े।।

दुनियाँ वालों मुझे संभालो

दुनियाँ वालों मुझे संभालो मैं जिन्दगी हार गई,
एक छलिया से नैन मिलाके प्रेम की बाजी हार गई।

हमने बांधा प्रेम का धागा बेदर्दी का प्यार न जागा,
मेरे प्यार का खूँटा लेकर भैंस निगोड़ी भाग गई।

सपनों में जो बाग लगाया आँख खुली तो जलता पाया,
जीवन बगिया में आग लगाके प्रीति निगोड़ी भाग गई।

ना मिलती ये बैरिन अंखियाँ चैन न जाता दिल ना रोता,
उस छलिया से प्यार न होता ये दुःखों का पहाड़ न होता,

जिसके ऊपर चढते-चढते सारा जीवन हार गई।
गधे के सिर का सींग गया रोती मुझको छोड़ गया,
अंधकूप में भटक रही हूँ प्यार भरा दिल तोड़ गया,
चला गया जीवन से छलिया मुझे जुदाई मार गई।

एक छलिया से नैन मिलाके प्रेम की बाजी हार गई।
दुनियाँ वालों मुझे संभालों में जिन्दगी हार गई।।

एक देवी को मिला बिलौटा

खुली आँख का सपना ऐसा, एक देवी को मिला बिलौटा,
जालिम दिल की बात न माने, अपने किस्से खूब बखाने,
जनम-जनम का ढीठ बिलौटा सद्कर्मों से निकला खोटा।
खुली आँख का सपना ऐसा, एक देवी को मिला बिलौटा।।

बखत पड़े तो करे म्याऊँ, मांश छोड़ कर चारा खाऊँ,
पावर में जब आ जाता है शेर का चाचा बन जाता है,
मांसाहार से होता मोटा।
खुली आँख का सपना ऐसा, एक देवी को मिला बिलौटा।।

संगत में मानव की रहकर इंसानियत भी सीख न पाया,
जंगल का कानून चलाकर वह सदा सत्ता तक आया,
धनकुबेर का पहिरेदार बन जनता के सिर मारे सोटा।
खुली आँख का सपना ऐसा, एक देवी को मिला बिलौटा।।

दिल की पाती पढ नहीं पाता अपनी बात सुनाता जाता,
क्यों उसकी मैं हुई दीवानी, दुनियाँ तो है भीड़ बेगानी,
भुगत रही जीवन की पीड़ा दिल में कोई वहम जो बैठा।
खुली आँख का सपना ऐसा, एक देवी को मिला बिलौटा।।

कभी बने वो शेर का चाचा बछिया का ताऊ बन जाये,
और भैंस का फूफा बनकर गोपनीय किस्से बतलायें,
रंगमंच पर नाच रहा है तरह-तरह के ओढ़ मुखौटा।
खुली आँख का सपना ऐसा, एक देवी को मिला बिलौटा।।

राजनीति के कई बिलौटे जन पीड़ा जो समझ न पाते,
हाथों में लेकर कण्ठी माला उपदेशक खुद ही बन जाते,
आज धर्म की राजनीति में खूब चला है सिक्का खोटा।
खुली आँख का सपना ऐसा, एक देवी को मिला बिलौटा।।

शराफत छोड़ कर आया

शराफत छोड़ कर आया! शराफत छोड़ कर आया
किये जनता से जो वादे
वो जालिम तोड़ कर आया
इंसानी सीने में खंजर
भौंक कर आया।
शराफत छोड़कर आया।।

ढंग शैतानी अपनाया
रिस्ता तोड़कर आया
लगाकर आग गृहस्थी में
घरौंदा तोड़कर आया।
शराफत छोड़कर आया।।

मिली कोई मीरा;
तो उससे दिल भी बहलाया
पिलाकर जहर का प्याला
उसे भी छोड़कर आया।
शराफत छोड़कर आया।।

सत्ता की सीढ़ी चढ़ने में
जिसे जरिया बनाया था
मारकर लात छाती में
उसे भी छोड़कर आया।
शराफत छोड़कर आया।।
शराफत छोड़कर आया।।

उत्तर कोई आता नहीं

उत्तर कोई आता नहीं, कायनात ही मौन है,
जिसने धरती-गगन लूटा; वो लुटेरा कौन है,
चोट भी गहरी लगी दिल मेरा बेचैन है,
हार कांटों का लिये सामने ये कौन है,
दिल मेरा छलनी किया फिर भी खड़ा जो मौन है,
पर्दे के पीछे खड़ा; दुश्मन हमारा कौन है।।

फूलों के गलहार से खुद को सजाने आया था,
कांटों वाला हार ही उसने मुझे पहिनाया था,
दिल में जो कांटा चुभा उसे चुभाता कौन है,
हर घड़ी मुझको सताये पर्दानशी ये कौन है।।

छुप कर खड़ा सइयाद क्यों, दिल मेरा हैरान है,
हाथों में लिये वो मौत का सामान है,
न जाने किस घड़ी पत्थर कहाँ से आयेगा,
मिथुन योगी परिंदा बे मौत मारा जायेगा,
अंधेरा गहरा हुआ बादलों में कौन है।।

विज्ञापन में दिखा जो भी मन हरण चेहरा,
ग्राहकों को लुभाने का कैसा अनौखा जाल सुनेहरा,
व्यापार के बहाने लूटता कोई निर्मम लुटेरा,
मजलूमों की बस्ती जलाये ये दरिंदा कौन है।।

लोकतन्त्र के कजरीवन में जंगल का कानून चले,
भोले जन का खून चूसने; कितने आदमखोर खड़े,
आज जो गद्दीनशी हैं वो सभी मोहरे बने,
कठपुतलियाँ हैं ये सभी इनको नचाता कौन है।।

मूल से भी ब्याज प्यारा

मूल से भी ब्याज प्यारा है, अगरचे है तो है,
मुन्नी तेरा राजा भाइया हमको प्यारा है तो है,
तू हमारे दिल की दौलत है अगरचे है तो है।
मूल से भी ब्याज प्यारा है अगरचे है तो है।।

चमन का हर फूल प्यारा है हमें भी है तो है,
फूलों से मकरन्द चूसा तितलियों ने चमन लूटा,
ये सारा संसार झूठा है अगरचे है तो है।
मूल से भी ब्याज प्यारा है अगरचे है तो है।।

मुन्नी तेरी मीठी बोली दिल की मरहम है तो है,
बूढी आँखों का सहारा प्यारा भइया है तो है,
तेरा मेरा प्यार ये जन्नत का नजारा है तो है।
मूल से भी ब्याज प्यारा है अगरचे है तो है।।

तू जो कहती बाबा तुमसे विवाह में रचाऊँगी,
दिल के सारे छालों को प्यार से सहलाऊँगी,
तेरी बातों में छिपा परिहास अगरचे है तो है।
मूल से भी ब्याज प्यारा है अगरचे है तो है।।

भोर की पहली किरन तू; मैं ढलती शाम हूँ,
मैं तुम्हारे बाप का भी एक बूढा बाप हूँ,
फासला दो पीढ़ियों का है अगरचे है तो है।
मूल से भी ब्याज प्यारा है अगरचे है तो है।।

प्रेम ही भगवान है आदमी मेहमान है,
मौत के सौदागर का अनबिका समान है,
मूल है भगवान तो संसार उसका ब्याज है,
जीवन का संसार सहारा है अगरचे है तो है।
मूल से भी ब्याज प्यारा है अगचे है तो है।।

सोचता हूँ वो कितने मासूम थे

सोचता हूँ वो कितने मासूम थे, क्या से क्या हो गये देखते देखते,
रंग सत्ता का उनपर ऐसा चढ़ा क्या से क्या हो गये देखते देखते,
चर्बी सत्ता की उनके आँखों चढ़ी अहं सिर पर चढ़ा देखते देखते,
एक कच्छे में उनको देखा कभी सूट-बूट में सजे देखते देखते,
जब पत्थर से उनको तराशा गया वो खुदा हो गये देखते देखते,
जनता से जो-जो वादे किये सब हवा हो गये देखते देखते,
हम नाके पर उनको बुलाते रहे आसमां में उड़े देखते देखते,
काला धन आया न मंहगाई घटी धन्धे चौपट हुये देखते देखते,
ऐसे नेताओं को कोई क्या कह सके सींग सिर पर उगे देखते देखते।।

मुस्काकर शर्म से निगाहें झुकी

मुस्काकर शर्म से निगाहें झुकी, बेचैन दिल को उनका सलाम आ गया,
तीरे नजरों से दिल जब घायल हुआ, चोट ऐसी लगी कि मजा आ गया,
मस्ती में मनवा ठुमकने लगा; खत में जो उनका गुलाब आ गया,
तन-मन दोनों महकने लगे मन पुलकित हुआ रंग श्रंगार आ गया,
घण्टियाँ प्रेम की टन टनाने लगी राग ऐसा बजा कि मजा आ गया,
जिसे चाहा था वो रुबरु आ गया दिल ऐसे मिला कि प्यार आ गया,
खुशी से कदम भी बहकने लगे समा ऐसा बंधा कि मजा आ गया।।

जीवन ही सारा सौंप दिया

जीवन ही सारा सौंप दिया मैंने यार तुम्हारे हाथों में,
सर्वस्व समर्पित है मेरा मनभावन तेरे हाथों में
सुख-दुख मेरा गिरवी है मेरे यार तुम्हारे हाथों में,
तुम वफा करो; बेवफा बनो हर बात तुम्हारे हाथों में।

यौवन की मदमस्त कली मैं रूप को लोभी भंवरा हूँ
जनम-जनम से बंधा हुआ हूँ तेरे प्यार के बन्धन में,
लोरी गाकर मुझे सुलाओ या झाड़ू से मार जगाओ,
चौकीदार बन खड़ा हुआ हूँ हरदम जी हुजूरी में।

तुझ बिन मेरा प्यार अधूरा तू मिले तो पूर्ण बनूँ,
बिन तेरे क्या रक्खा प्रीतम मेरे खाली जीवन में,
रमा हुआ जो कण-कण में उसका प्रेम निवेदन आया
ज्योति प्यार की जाग उठी है आज हमारे तनमन में।।

नागों को हम पूज रहे हैं

नागों को हम पूज रहे हैं
दो जिव्हायें मुख के अन्दर
दिल में पोषित डर बैठा है
एक से वह उपदेश सुनाये
नाग तभी तो सिर बैठा है
और दूसरी जहर बुझी है
लोकतान्त्रिक मूल्यो पर मार कुण्डली
जब चाहे हमको डस जाये।
नाग हमारे घर बैठा है।

भयवश पूजा करने की
नागराज को दूध पिलाओ
रीति भी बहुत पुरानी है
फिर भी वही जहर उगलेगा
आदिम युग की मानसिकता की
दुर्बल हैं जो जीव बेचारे!
शेष भी यही निशानी है।
उनको जीवित ही निगलेगा।

दो जिव्हायें मुख के अंदर
एक से वह उपदेश सुनाये
और दूसरी जहर बुझी है
जब चाहे हमको डस जाये।

भयवश पूजा करने की
रीति भी बहुत पुरानी है
आदिम युग की मानसिकता की
शेष भी यही निशानी है।

इसको अब तक ढोते आये
उसी काल के ग्रन्थों में
शायद आगे भी ढोयेंगे
सामन्ती मूल्यों का पृष्ठ पोषण है
नागदंश की पीड़ा से हम
ऐसे सामाजिक मूल्यों में
बार-बार कब तक रोयेंगे।
जनता का ही दोहन है।

भारत की सामाजिक रचना का
सामन्ती स्ट्रेक्चर सारा
जनवाणी भी कहीं खो गई
पेशेगत जाति समूहों में,
सामन्तशाही के ध्वशावशेषों पर
बंटा हुआ है देश हमारा।

आज तलक हम भी बैठे हैं
भारत के ऐतिहासिक जीवन में
उसी मानसिकता से परिपोषित
कभी-कभी तूफान भी आया
सत्ताधारी भी बैठे है।

ऐसी ही आपाधापी में
सामन्ती सोच के नाग जहरीले
सामन्तवाद ने प्रश्रय पाया।

राजनीतिक विवरों में बैठे हैं
प्रारम्भिक राजा जन सहयोगी था
जनता पर ये जहर उगलते
धीरे-धीरे सामन्त बन गया
सत्तामद में ऐठे हैं।

सामन्तवाद का रंग हमारे
ओढ लिया साधू का चोला
जीवन में चहुँ ओर चढ़ गया।

जनता को चाबुक दिखलाया
आताताई कितने आये
हिटलर शाही करतूतों ने
जनपीड़ा जो समझ न पाये।
सामन्ती मानसिकता ने
जनता पर कोड़े बरसाये।

मध्य युग तक आते-आते
जनता से टकराव बढ़ गया
सामन्तवाद का नागराज
तब जनता के शीश चढ़ गया।

चाटुकार साहित्यकारों ने
राजा को भगवान बनाया
सामन्तवादी जीवन मूल्यों ने
साहित्य जगत में प्रश्रय पाया।

उसी काल के ग्रन्थों में
सामन्ती मूल्यों का पृष्ट पोषण है
ऐसे सामाजिक मूल्यों में
जनता का ही दोहन है।

सामाजिक संरचना तदनुरूप हो गई
जनवाणी भी कहीं खो गई
सामन्तशाही के ध्वशावशेषों पर
आज तलक हम भी बैठे हैं
उसी मानसिकता से परिपोषित
सत्ताधारी भी बैठे हैं।

सामन्ती सोच के नाग जहरीले
राजनीतिक विवरों में बैठे हैं
जनता पर ये जहर उगलते
सत्तामद में ऐंठे हैं।

ओढ़ लिया साधू का चोला
जनता को चाबुक दिखलाया
हिटलरशाही करतूतों ने
हमको लहूलुहान बनाया।

नोटबंदी का समुद्र मंथन
जनता को ही जहर पिलाया
अमृतघट जो ऊपर आया
उस पर खुद अधिकार जमाया।

सैकड़ों लोगों की मौत हो गई
सामन्तवादी मानसिकता में
जनपीड़ा भी कहीं खो गई।

धन्ना सेठों की चाटुकारिता
शायद उन पर भारी है
जनता की भेंट चढ़ाने की
अब पूरी तैयारी है।।
जनता की भेंट चढाने की
अब पूरी तैयारी है.।

प्यार में धोखा दिया

प्यार में धोखा दिया हम हाथ मलते रह गये,
धीरे-धीरे वो हमारे दूर दिल से हो गये,
कैद कर घर में मुझे ऊँचे गगन में उड़ गये,
दीवारों में कैद हम महरूम घर से हो गये।
    प्यार में धोखा दिया ....

वो मुझे अपना न समझे फिर भी दिल के पास हैं,
जहर देकर जान लेले हम सदा तैयार हैं,
प्यार का बूटा लगाया रक्त से सींचा सदा,
जीवन अभी महका न था अग्नि लगा कर चले गये,
    प्यार में धोखा दिया ....

प्यार के खेल में राजनीति के पियादे मिले,
अपना कुचालों से सदा मात मुझको देते रहे,
असमान पर चलते हुये पद-दलित भी करते गये,
मिट्टी में मिला कर मुझे ऊँचे गगन में उड़ गये।
    प्यार में धोखा दिया ....

धर्म रक्षा का मैंने सदा बीडा उठाया,
अंगारों पर चलते हुये भी प्रण निभाया,
धार्मिक आयोजन में उनको बुलाया,
निमन्त्रण ठुकराकर दूर हमसे हो गये।
    प्यार में धोखा दिया ....

नारी-धर्म की आन हम निभाते रहे,
उनके नाम का सिन्दूर भी सजाते रहे,
वो नकली साधू बने दूर हम से हो गये,
मार कर ठोकर हमें ऊँचे गगन में उड़ गये।
         प्यार में धोखा दिया ....

खुद से मुझको दूर रक्खा दिल उनपर कुर्वान है,
भारतीय संस्कृति में नारियों से जान है,
नारी का मान न रखे ऐसा कोई हिन्दू नहीं,
नारी को ठुकराना भी कोई मर्यादा नहीं,
घर की दहलीज लांगी नकली हिन्दू बन गये।
         प्यार में धोखा दिया ....

पास न मुझको बिठाया धर्म का परचम झुकाया,
अंहकार के रथ पर उन्हें सदा आरुढ पाया,
धार्मिक अनुष्ठान भी अकेले करते है,
नकली हिन्दुओं की जामात से जुड़ते गये।
         प्यार में धोखा दिया हम हाथ मलते रह गये,
         धीरे-धीरे वो हमारे दूर दिल से हो गये।।

आज हमारे लोकतन्त्र को

आज हमारे लोकतन्त्र को भ्रष्ट बनाया चोरों ने,
हेरफेर की राजनीति का लाभ उठाया चोरों ने,
छलफरेब और बेईमानी सबकुछ सीखा चोरों ने,
तिकडिमबाजी का गणित बिठाकर नाम कमाया चोरों ने।

जनता को निर्वसन बनाकर लूट लिया है चोरों ने,
जनता की पगड़ी उछाली गुण्डे पाले चोरों ने,
छलफरेब की राजनीति का चक्र चलाया चोरों ने,
अपने दल के बड़े चोर को नेता माना चोरों ने।

मन्त्रिमण्डल विस्तार हुआ मन्त्री पद पाया चोरों ने
जनता से फण्ड उगाकर चन्दा खाया चोरों ने
ठेकेदारों से मेल बिठाकर माल कमाया चोरों ने
सरिया-सीमेंट, रोड़ी-बजरी, सबकुछ खाया चोरों ने।

हाजमा अपना बड़ा बनाकर स्टेडियम खाया चोरों ने,
नहर-सड़क, पुल-बांध हजारों सब कुछ खाया चोरों ने,
सांठ-गांठ कर नेताओं से माल बनाया चोरों ने,
खाली हाथ धन्धे में आकर जाल बिछाया चोरों ने।

बैकों को कंगाल बनाकर लूट लिया है चोरों ने,
नोट बन्दी का दांव चलाकर जनता लूटी चोरों ने,
आज हमारे अर्थतन्त्र को गुलाम बनाया चोरों ने,
स्विस बैंक में खाता खोला काले धन के चोरों ने।

नेताओं से सांठ–गांठ कर हमको लूटा चोरों ने,
दूसरे दलों में फूट डालकर सत्तापाई चोरों ने,
पद और धन का लालच देकर नेता तोड़े चोरों ने,
पुलिसतन्त्र और न्यायालय को भ्रष्ट बनाया चोरों ने।

सरकार के चारों पायों में नीड़ बनाया चोरों ने,
धन के बल पर नेताओं को खरीद लिया है चोरों ने,
पत्रकारों को पट्टे पहिनाकर गुलाम बनाया चोरों ने,
धनबल से मीडिया पर अधिकार जमाया चोरों ने।

चाटुकार बन सत्ताधीशों का गाना गया चोरों ने,
नेताओं के आगे–पीछे साज बजाया चोरों ने,
जनता को लालच में लाकर भीड़ बनाया चोरों ने,
लोकतन्त्र को भीड़ तन्त्र में बदल दिया है चोरों ने।

भीड़ में छिपकर लोगों का गला दबाया चोरों ने,
लोकतन्त्र के सिर में कीला ठोंक दिया है चोरों ने,
हिटलर शाही पौधा लाकर रोप दिया है चोरों ने,
आज देश को लूट लिया है मिलकर काले चोरों ने,
धरा धाम और राजनीति पर अधिकार जमाया चोरों ने।।

जय बोलो शैतानों की

इस दुनियाँ में सदा चली है सत्ता बस श्रीमानों की,
रामराज को भूल के प्यारे! जय बोलो शैतानों की,
शैतानों ने राज संभाला आम आदमी दुखी बेचारा,
अब चमचों की बाढ आ गई चलती है शैतानों की।
    रामराज को भूल के प्यारे! जय बोलो शैतानों की।।

जल के अन्दर मगर प्रबल है, जगती में शैतान प्रबल,
छल के बल पर इस दुनियाँ में सदा रहा शैतान अमर,
धर्म ग्रन्थ का यही विवेचन सदा चले शैतानों की।
    रामराज को भूल के प्यारे! जय बोलो शैतानों की।।

रावण ने जंगल के अन्दर सीता को न उठाया होता,
कौन राम कहाँ की सीता कवियों ने क्यों गया होता,
इतिहास सदा आगे बढता है करनी से शैतानों की।
रामराज को भूल के प्यारे! जय बोलो शैतानों की।।

मैं भला क्यों रहूँ अकेला एक विकारी भाव जगा,
मन के अन्दर जगी कामना ईश्वर ने संसार रचा
सदा कामना प्रबल जग में; पहिचान यही शैतानों की।
    रामराज को भूल के प्यारे! जय बोलो शैतानों की।।

सत्य यहाँ बिन मोल पड़ा है; झूठ सदा बिकते देखा,
इंसानों को हर नुक्कड़ पर, हमने यहाँ पिटते देखा,
उग्र भावना और आक्रमण प्रवृति है शैतानों की
    रामराज को भूल के प्यारे! जय बोलो शैतानों की।।

शैतानों की जय बोलोगे; तभी सुखी रह पाओगे,
सत्पथ के अनुगामी बनकर; सिर धुनकर पछिताओगे,
हम भी बोले तुम भी बोलो; बोलो जय शैतानों की।
    रामराज को भूल के प्यारे! जय बोलो शैतानों की।।

मेरे सुख को लात मार कर

मेरे सुख को लात मार कर मंजनू मेरा भाग गया,
सेज सजाये मैं बैठी थी सपन सलौना तोड़ गया।

प्रेम नदी के तट पर लाकर रोती मुझ को छोड़ गया,
प्रेम-सिन्धु में लहर न देखी प्रीति सरोवर सूख गया।

आदर्शों की घुटी पिलाकर मुझे अकेला छोड़ गया,
अरमानों की चिता सजाके मुझे छोड़ परदेश गया।

मेरे कौमार्य को दाग लगाके वैधव्य की छाया छोड़ गया,
इंसानों में मैंने ढूँढा शैतानों के लोक गया।

अरमानों के पंख लगा कर वो सपनों के देश गया,
सपनों का सौदागर बनकर राजनीति में उतर गया।

शैतानों को गुरु बनाया छल-फरेब से काम चलाया,
जुमले बाजी का जाल बिछा कर वो सत्ता तक पहुँच गया।

लाली पॉप दिखा जनता को उसने अपना काम चलाया,
धनपत्तियों की हित रक्षा में वादों से ही मुकर गया।

जिधर का पलड़ा भारी देखा दांव लगाकर उधर गया,
मेरी सिन्दूरी लाज डुबोई बेवफा की राह गया।

कैसे उसको अपना मानू प्रेम भरा दिल तोड़ गया,
नायिक से खलनायिक बनकर दिल की गद्दी से उतर गया।।

चुप बैठे हो

चुप बैठे हो अब तो बोलो, क्या मजबूरी है,
अपने हक के लिये यहाँ संघर्ष जरूरी है।

सामाजिक दायित्व हमारा अपने हक के लिये लड़ें,
जन तान्त्रिक अधिकार हेतु आगे बढ कर संघर्ष करें।
लज्जा का घूंघट तो खोलो ये काम जरूरी है,
अपने हक के लिये यहाँ संग्राम जरूरी है।

अरमानों का गला घोंट कर जिसने तुमको पंगु बनाया,
जड़ताओं का बांधा फन्दा अन्धकूप में भी लटकाया।
सामन्ती मानसिकता पर आघात जरूरी है,
जंजीरे पिघलाने को कुछ ताप जरूरी है,
अपने हक के लिये यहाँ संघर्ष जरूरी है।

अपने हक के हेतु लडे ना, कायर-कूर-निकम्मा है,
लोहे पर चढा हुआ सोने सा एक मुलम्मा है।
शैतानों से लोहा लेना है; सोना खरा जरूरी है,
अपने हक के लिये यहाँ संग्राम जरूरी है।

झूठ का फन्दा डाल गले में छलिया घर से भाग गया,
थोथे आदर्शों की पोथी गोद तुम्हारी डाल गया।
जुमलों वाली झूल त्यागो ये काम जरूरी है,
अपने हक के लिये यहाँ संग्राम जरूरी है।

नायिक की खलनायिक बनकर डाल रहा है दिल पर डाका,
बिना नेह के तप्त-तबे पर सेंक रहा है दुष्ट परांठा।
सब कुछ जलकर राख हो गया सपन सलौना खाक हो गया,
फिर भी बैठे दर्द दबाये क्या मजबूरी है।
अपने हक के लिये यहाँ संग्राम जरूरी है।

जलाझोपड़ी मजलूमों की धनपतियों घर करे रोशनी,
उनके विमानों में चढकर जनता के मुख मले चासनी।
बेच दिया ईमान फरिस्ता फर्जी बने हुये हैं,
तोड़ा है धरती से नाता आसमान पर टंगे हुये हैं।
उनकी इन करतूतों का बखान जरूरी है,
अपने हक के लिये यहाँ संघर्ष जरूरी है।

माना तुम सामर्थ्य थे इतने तन्हा जीवन काट दिया,
दिल के रिसते घावों को दोनों हाथों से ढांप लिया।
उनका भी हित सोचो जिनमें में सामर्थ नहीं,
तुम दुर्बल के हेतु लड़ो ये काम जरूरी है,
अपने हक के लिये यहाँ संग्राम जरूरी है।

होंठ सिले हैं मगर तुम्हारी आहत आँखें बोल रही हैं,
इन्तिजार में पत्थर पलकें भेद दिलों का खोलरही हैं।
ललाट की रेखाओं में विधि ने वह सब लिखा हुआ है,
इतिहास तुम्हारे होटों के भीतर जो दबा हुआ है।
ऐतिहासिक सत्य टटोलो ये काम जरूरी है,
दलित जनों के हेतु यहाँ संग्राम जरूरी है।।

ना हमको बन्दूक चाहिये

ना हमको बन्दूक चाहिये, ना कोई सन्दूक चाहिये,
कामगार हूँ काम चाहिये, काम के बदले दाम चाहिये।
रिश्वत का चारा खा कर तुम; करते हो दिन-रात जुगाली,
भाषण से ही फसल उगाई; पेट हमारा फिर भी खाली।
भूखे भजन न होय गुपाला वापस ले लो कण्ठी माला,
कण्ठी माला तभी सोहती पेट में उतरे चार चपाती।
हाड-मांश का जीव आदमी रोटी और रोजगार चाहिये,
पेट नही भरता जुमलों से कुछ तो भोजन यार चाहिये।
    ना हमको बन्दूक चाहिये, ना कोई सन्दूक चाहिये,
    कामगार हूँ काम चाहिये, काम के बदले दाम चाहिये।।

धनवालों के चौकीदार बन लोकतन्त्र के मन्दिर बैठे,
फेर रहे जुमेलों की माला तरह-तरह के ओढ मुखौटे।
छदम-भाव तुम सीख चुके हो जनता को भरमाने को,
जुमलों का फन्दा फैका है निरीहजीव फंसाने को।
घिरे हुये तुम उन चमचों से जुमलों पर जो देते ताली,
चण्डाल चौकड़ी साथ तुम्हारे देती है जनता को गाली।
हाड़-मांश का जीव आदमी सर्दी-गर्मी उसे सताये,
कपड़े-जूते उसे चाहिये जुमले बाजी ना दे पाये।
कामगार को काम चाहिये, काम के बदले दाम चाहिये,
जुमलों से बहलाना चाहो, तुमको बस गुणगान चाहिये।
    ना हमको बन्दूक चाहिये, ना कोई सन्दूक चाहिये,
    कामगार हूँ काम चाहिये, काम के बदले दाम चाहिये।।

नहीं चाहिये ऐसा शासक जनता को गुलाम बनाये,
तरह-तरह के जुमले गढकर छद्म का फन्दा गले फंसाये।
आडम्बर की मीठी गोली देकर हमें फंसाओगे,
खुद को बड़ा मसीहा कहकर फांसी पर लटकाओगे।
जुमले बाजों की छद्म नीति से मेहनत कश फांसी पर लटके,
कामगार भूखा सोता है धनपतियों के महल खड़े।
छद्म का जो संसार रचा है उससे हमको त्राण चाहिये,
आदर्शों के फटे कफन से हर मुर्दे को मुक्ति चाहिये।
    ना हमको बन्दूक चाहिये, ना कोई सन्दूक चाहिये,
    कामगार हूँ काम चाहिये, काम के बदले दाम चाहिये।।

चमचा पुराण

सैनिक चमचे असैनिक चमचे तड़ी पार भी होते चमचे,
मान सदा वह पाते हैं चमचे भक्ति-भाव जो रखते चमचे।
कभी जेल में आते जाते ऐसे भी होते हैं चमचे,
इसी प्रकार के चमचों के चेहरे चमकाये जाते हैं,
उनके चेहरों पर लगे हुये फिर दाग मिटाये जाते हैं।
मजबूत किस्म के चमचों से कुछ काम कराये जाते हैं,
जिसके बदले में चमचों को पद दिलवाये जाते हैं,
पक्के चमचों के सिर ऊपर ताज सजाये जाते हैं,
आसमान से उन चमचों पर फूल गिराये जाते हैं,
उच्च पदों पर बैठा चमचा पद का मान घटायेगा,
लोकतन्त्र की काया में यौं शूल चुभाये जाते हैं,
हिटलर शाही दुनियाँ में चमचे रखना मजबूरी है,
अपनी स्तुति गायन को चमचे भी बहुत जरूरी हैं,
भ्रष्ट तन्त्र के दल-दल में चमचों की ही फौज खड़ी है,
नेता-अफसर; वजीर-पियादा, नीचे ऊपर कड़ी जुड़ी है।
चमचों के बल पर ही अब राज चलाये जाते हैं।
और विपक्षी खेमो के जब किले गिराये जाते हैं,
चमचों के कन्धो पर रखकर बन्दूक चलाये जाते हैं,
अपनी कोई दाल गले ना चमचे अजमाये जाते हैं,
तरह-तरह के चमचे यहाँ बाजारो में मिलते हैं,
लोहे और पीतल के चमचे कहीं टिकाऊ होते हैं,
चमक बिखेरते स्टील के चमचे अक्सर लाये जाते हैं,
हर महफिल और हर मौसम में ये आजमाये जाते हैं,
काम चलाऊ प्लास्टिक के चमचे सदा जुगाड़ू होते हैं
काम निकलने पर ये निरीह कूड़े में पाये जाते हैं।
हाथों पर हाथ रखे मत बैठो चमचागीरी का पाठ पढो,
चमचा बन कर सींघ घुसाओ तो नेता बन पाओगे
सीढ़ी-सीढ़ी चढते चढते मंत्री पद पा जाओगे।।

कैशलेस कर नेता जी ने

कैशलेस कर नेता जी ने भूखा हमको मार दिया,
विवश बना कर जनता को,
कैसा निर्मम प्रहार किया
नोट बन्दी का बड़ा हथौड़ा,
सिर लोगों के मार दिया
     कैशलेस कर नेता जी ने भूखा हमको मार दिया।।

मिट्टी के मोल बिका ना आलू,
खेतों में ही जोत दिया,
खून के आँसू किसान रोया,
टोटे में ही बाढ दिया।
     कैशलेस कर नेता जी ने भूखा हमको मार दिया।।

शिक्षा हेतु गये छात्र तक,
खर्च का पैसा पहुँच न पाया,
बिना कैश मिला ना खाना;
भूखा उसको मार दिया।
     कैशलेस कर नेता जी ने भूखा हमको मार दिया।।

दुर्दिन हेतु सहेजा पैसा,
पेट काट कर जो जोड़ा था,
भोली नारी के बटुये पर,
दिन में डाका डाल दिया।
     कैशलेस कर नेता जी ने भूखा हमको मार दिया।।

नाम बड़ा और दर्शन छोटे

भोली सूरत दिल के खोटे; नाम बड़ा और दर्शन छोटे,
बेपेंदी के निकले लोटे।
    बैगन ऐसे लुढ़क रहें हैं, प्रतिपल वाणी बदल रहे हैं,
    जुमले सारे निकले झूटे।
नाम बड़ा और दर्शन छोटे।।

जनता को सब्जबाग दिखाया, छल-फरेब करके मत पाया,
धन वालों के बन गये तोते, नोटबन्दी का हुकुम सुनाया,
लोगों को लाइन की भेंट चढाया, ऐसे हैं वो सिक्के खोटे।
    नाम बड़ा और दर्शन छोटे।।

धन वालों के चौकीदार बन, उच्चासन पर जमे हुये हैं,
साठं-गांठ की राजनीति से सत्ता पर ही टंगे हुये हैं,
धन्ना सेठों के बने तोते।
    नाम बड़ा और दर्शन छोटे।।

गांधी बाबा शान्ति दूत था, अम्बेडकर से कहीं दूर था,
अम्बेडकर था दलित मसीहा, दिल में बहती ज्ञान की गंगा,
वैसे ही दिखना चाहते हैं, दो कौड़ी के ओढ़ मुखौटे।
    नाम बड़ा और दर्शन छोटे।।

दस लाख का सूट सिलाया, ओबामा से हाथ मिलाया
खुद को फकीरी ब्राण्ड बताकर झूठ-तन्त्र के बने प्रतोते।
    नाम बड़ा और दर्शन छोटे।।

न्यायालय पर प्रभाव जमाया, मीडिया को चारा दिखलाया,
जन मुख में भी ठोंके खूँटे।
    नाम बड़ा और दर्शन छोटे, बेपेंदी के निकले लोटे।।

रामचन्द्र कह गये सिया से

रामचन्द्र कह गये सिया से; बुरा जमाना आयेगा,
शैतानों की सत्ता होगी, कऊआ मेवा खायेगा।
मेहनत कश फांसी पर लटका बुरा जमाना आया है,
आज देश की राजनीति पर शैतानों का साया है।
चतुर हुआ शैतान तभी तो, बनकर साधु आया है,
सत्ताधीशों के दिल के अन्दर अपना नीड़ बनाया है।
पलपल रंग बदलने वाला शैतान कभी न मरते देखा,
आज हमारे कल तुम्हारे दिल के भीतर छिपते देखा।
गली-गली और कूचे-कूचे; शैतानों की चलती है,
शैतानों की सैना प्रतिदिन निरीह व्यक्ति को दलती है।
आज फरिश्ता शैतानों के मकड़ जाल में उलझ गया,
सिद्ध पुरूष भी जाने कैसे उनके दर्पन में उतर गया।
रावण के हाथों में पड़कर सीताओं की लाज लुटी,
गली-गली ओर कूचे-कूचे शैतानों की फौज खड़ी।
लव जिहादी नेता जब मंत्री पद पा जायेगा,
लव जिहाद की राजनीति में तेल कहाँ से आयेगा।

तेल निकालना पेशा उसका; उसने खुद स्वीकार किया,
बालू से तेल निकालेगे; इल्म नया ईजाद किया।
काठ की हॉडी कब तक चूल्हे की शान बढायेगी,
एक दिना धू-धू करती; लंकासी जल जायेगी।
धनवालो की कठपुतली बन सत्ता का सुख भोग रहे हो,
जनता को समझा है चारा; धनपतियों को परस रहे हो।
मानसिंह ने अपनी बहिना को सत्ता की भेट चढाया था,
धर्मवीर प्रताप की नजरों में; अपना मान गिराया था।
पत्नी को जिसने त्याग दिया नारी की पीड़ा क्या जाने,
प्रसवपीड़ा क्या होती है बन्ध्यानारी क्या जाने।
नारी को ठुकराने वाला बेटी का मान न रख पायेगा,
ढोगंभरी इस राजनीतिका चिट्ठा खुलता जायेगा।
रामचन्द्र कह गये शिया से बुरा जमाना आयेगा,
शैतानों की सत्ता होगी कऊआ मेवा खावेगा।।

राजनीति बताये तुम्हें हम

राजनीति बताये तुम्हें हम, ऐसे नेता भी आये हुये हैं,
जिनके हाथों कुल्हाड़ी सजी है खूनी कपड़े रंगाये हुये हैं,
उसने नेता का कुर्ता पहिन कर जब चूमा उसूलों के कफन को
तभी जन्नत में हूरों के बुरे दिन आये हुये हैं।
राजनीति बताये तुम्हें हम, ऐसे नेता भी आये हुये हैं,
वो चलते सितारों में ऐसे, जैस उड़ता है बाज गगन में,
दुर्बल परिंदों पर रहती निगाहे, खूनी सुरमा लगाये हुये हैं।
राजनीति बताये तुम्हें हम, ऐसे नेता भी आये हुये हैं,
लाक्षागृह में भस्म हो विरोधी, ऐसी मंसा छुपाये हुये हैं,
डालियों पर बैठे तोते सिर उन्हीं को झुकाये हुये हैं।
राजनीति बताये तुम्हें हम, ऐसे नेता भी आये हुये हैं,
कर्ज डूबा किसान टंगा शूली, मिलता नहीं है किनारा,
हिरन जायेगा बचकर कैसे खूनी फंदे लगाये हुये हैं।
राजनीति बताये तुम्हें हम, ऐसे नेता भी आये हुये हैं,
जुमले बाजी में होठ छिले है, वाणी कांटे उगाये हुये हैं,
जालिम पापों ने ऐसा घेरा, नरक जाने के काबिल नहीं है।
राजनीति बताये तुम्हें हम, ऐसे नेता भी आये हुये हैं,
उसने फैका है ऐसा फन्दा, धन्धे डगमगाये हुये हैं
घाव गहरा सभी को लगा है, दर्द दिल में दबाये हुये हैं।
राजनीति बताये तुम्हें हम, ऐसे नेता भी आये हुये हैं।।

कैसा जालिम हुआ है अंधेरा

कैसा जालिम हुआ है अंधेरा, इसने घायल किया है सवेरा,
आजादी का सूरज बंदी; तारे बंदी; चन्दा बंदी,
जुनाई पे काली घटाओं का पहरा।
        कैसा जालिम हुआ है अंधेरा, इसने घायल किया है सवेरा।।

आज सभी कुछ बंधा हुआ है, अंधकार की पूँजी से,
नेता जी भी बन्धे पड़े है धनपतिओं के खूँटे से,
सत्ता की कठपुतली नचती बस चाँदी के जूते से,
है कायम यहाँ पर अँधेरा।
        कैसा जालिम हुआ है अंधेरा, इसने घायल किया है सवेरा।।

इधर इण्डिया जगमग करता आसमान में चमक रहा है,
उधर हिन्द का प्यारा सूरज अंधकार में उतर रहा है,
फांसी पर किसानों का डेरा।
        कैसा जालिम हुआ है अंधेरा, इसने घायल किया है सवेरा।।

लोकतन्त्र धनतन्त्र बन गया धन हावी और धन्धा हावी,
मंहगी चुनाव व्यवस्था ऐसी जनता की ऐसी की तैसी,
काले चोर सत्ता में आते जो जनता को नाच नचाते,
इनके दिलो तक उतरा अंधेरा।
        कैसा जालिम हुआ है अंधेरा, इसने घायल किया है सवेरा।।

कहते थे हम दुःख हरलेंगे एक नया सूरज ला देंगे,
बातें निकली हवा-हवाई एक नई लागी बीमारी,
जनता को तारे दिखलाते, खुद अपना चेहरा चमकाते,
दूर धूमिल खड़ा है सबेरा।
        कैसा जालिम हुआ है अंधेरा, इसने घायल किया है सवेरा।।

भोली नारी बुरा जमाना

भोली नारी बुरा जमाना, विधना मुझको गले लगाना,
भगवन तुमने पाप कमाया, खलनायिक से मुझे मिलाया,
बीच भंवर में छोड़ गया जो, मुझसे नाता तोड़ गया वो,
भगवान तुमसे यही निवेदन, उसे न्याय का पाठ पढाना।
    भोली नारी बुरा जमाना, विधना मुझको गले लगाना।।

सावन गरजे भादौं लरजे, कारी बदरिया माने ताना,
बिजुरी कड़के जियरा धड़के, दुश्मन हो गया सारा जमाना
पथर दिल मेरा खलनायिक उसे प्रीति की रीति बताना
    भोली नारी बुरा जमाना, विधना मुझको गले लगाना।।

चलती हूँ जब विरह की मारी, पैरों से उठती चिंगारी,
आग लगी है दिल के अन्दर, धुँआ-धुँआ है साँस हमारी,
विरह अग्नि में जल जाऊँगी, बस मरघट की डगर बताना,
    भोली नारी बुरा जमाना, विधना मुझको गले लगाना।।

बचने की उम्मीद भी छोड़ी, आँखों से गई नींद निगोड़ी,
शोलों पर चलकर आयी हूँ चैन नहीं एक पल भी पाई,
उस निष्ठुर को चिता दिखाकर, मानवता की रस्म निभाना।
    भोली नारी बुरा जमाना, विधना मुझको गले लगाना।।

मैली चादर ओढ के कैसे

मैली चादर ओढ के कैसे, द्वार तुम्हारे आऊँ,
हे परमेशवर! स्वामी मेरे खड़ा-खड़ा पछिताऊँ।
जनम-जनम की निर्मल चादर; मैंने दाग लगाया,
गंगा तट पर जाकर इसपर कितना जल बरसाया,
जितना धोया उतना निखरा कैसे दाग छुड़ाऊँ।
मैली चादर ओढ के कैसे, द्वार तुम्हारे आऊँ।।

राजनीति की नीति न कोई; जुमले खूब सुनाऊँ,
झूटे वादे करता आया; कैसे इन्हें निभाऊँ,
हे जगदीश्वर! मुझे बता दे कितना झूट चलाऊँ।
मैली चादर ओढ के कैसे, द्वार तुम्हारे आऊँ।।

मैने खुद को बड़ा बनाया; सत्ता तक खुद ही पहुँचाया,
अहंकार के महामहल से कैसे नीचे आऊँ,
मनवीणा की तारे उलझी, कैसे गीत सुनाऊँ।
मैली चादर ओढ के कैसे, द्वार तुम्हारे आऊँ।।

एक नारी ने डाल के फेरे; मन का मीत बनाया,
उम्मीदों के पुल पर चढकर; गीत प्यार का गाया,
प्रीति की रीति निभा नहीं पाया; मैने हाथ छुड़ाया,
नारी मन की दारुण पीड़ा कभी समझ न पाऊँ।
मैली चादर ओढ के कैसे, द्वार तुम्हारे आऊँ।।

तितली के कोमल पंखों पर मैंने अपना नाम लिखा,
प्रेम तराना सुना कान में फूलों से मकरन्द ठगा,
अपने जारज किस्सों को कैसे तुम्हें सुनाऊँ।
मैली चादर ओढ के कैसे, द्वार तुम्हारे आऊँ।।

राजनीति की कुंज गली में हाथ पकड़ कर मुझे चलाया,
मैंने उनको धक्का देकर छाती पर भी पांव जमाया,
नर मुण्डों पर चलते-चलते मैं सत्ता तक पहुँच गया,
गुरू द्रोह की करतूतों को कैसे तुम्हें सुनाऊँ।
मैली चादर ओढ के कैसे, द्वार तुम्हारे आऊँ।।

भाषण की जादूगीरी से लक्ष्य साधना सीख गया,
धनवालों का हित रक्षक बन उनको अपने साथ लिया,
तरह-तरह के ओढ मुखौटे जनता को भरमाऊँ।
मैली चादर ओढ के कैसे, द्वार तुम्हारे आऊँ।।

राजनीति की देशी घोड़ी चले दुरंगी चाल,
सन्मुख आकर प्रेम दिखाये; करे दुलत्ती बार,
अपनी ऐसी करतूतों को कैसे तुम्हें सुनाऊँ।
मैली चादर ओढ के कैसे, द्वार तुम्हारे आऊँ,
हे परमेश्वर! स्वामी मेरे खड़ा-खड़ा पछिताऊँ।।

व्यापारी हूँ पक्का हवा बेचता हूँ

व्यापारी हूँ पक्का हवा बेचता हूँ,
हर मर्ज की दवा बेचता हूँ,
वोटर को लुभाये ऐसी चीज बेचता हूँ,
ख्वाबों की अनोखी तश्वीर बेचता हूँ,
मरघट से उठा के कफन बेचता हूँ।

राजनीति का हूँ पक्का खिलाड़ी,
दिल्ली रहूँ या पहुँचूँ रिबाड़ी,
नहर-सड़क पुल-बांध बेचता हूँ,
सरिया सीमेण्ट खुले आम बेचता हूँ
चोरी से सारा सामान बेचता हूँ।

अपना काम बनता भाड़ में जाये जनता,
सरकार रहे या जाये, अपने हाथ रोकड़ा आये,
लगाओ बोली खुद को बेचता हूँ,
वोटों को खरीदा था अब वोट बेचता हूँ।

बना हूँ मन्त्री फिर भी तेल बेचता हूँ,
पटरी पर दौड़ती रेल बेचता हूँ,
राशन की चालू दुकान बेचता हूँ,
सोने वाली खदान बेचता हूँ।

देशी हो विदेशी बस ग्राहक चाहिए,
जेबों में उसकी माल चाहिए,
देश बेचता हूँ बहाना बना के,
जनता को थोडा सा चूना लगा के,
धनवालों के हाथों सरकार बेचता हूँ।
व्यापारी हूँ पक्का हवा बेचता हूँ।।

ईश्वर मुझको दे वरदान

ईश्वर मुझको दे वरदान,
बना रहूँ केवल इंसान।
कोठी बंगला कार न देना,
बस धरती पर रहे बिछौना।
मुझको एक झोपड़ी काफी,
हर बन्दे को मिले मकान।

अंहकार से मुझे बचाना,
ऊँचे आसन पर नहीं बिठाना।
दिल्ली तज दौलतावाद न जाऊँ,
नोटबन्दी के फन्दे में,
जनता का न गला फसाऊँ,
बस इतना तू रखना ध्यान।

मात-पिता की सेवा में,
पूज्य भाव से ध्यान लगाऊँ,
रिस्ते नाते सभी निभाऊँ,
पत्नी बच्चों को गले लगाऊँ,
पलायन वादी मानसिकता का
कभी न मुझको देना ज्ञान।

कदम रहे मेरे धरती पर,
आसमान में उड़ न जाऊँ,
जुमले बाजी सिखा न देना,
जिससे जनता को भरमाऊँ,
जनता को तू! न्याय दिला दे,
उसका सारा कष्ट मिटा दे,
इसी में मेरा भी कल्याण।।

रात को चरखा चोरी हो गया

रात को चरखा चोरी हो गया, गाँधी बाबा ढूँढ रहा है,
आँखा में आँसू की लड़ियाँ; सन्तानों को घूर रहा है।
आजादी का अस्त्र कहाँ है; नरसी का वह गीत कहाँ?
पीर पराई जो अपनाये, वो प्यारा संगीत कहाँ?
  गाँधी की तश्वीर रात को चुपके-चुपके जब रोती है,
  बापू तेरी सन्तानों को तब कितनी पीड़ा होती है।
  तुषार गाँधी बोल रहा है दिल के पर्दे खोल रहा है,
  अपने बाबा का चीर हरण भी चौराहे पर देख रहा है।
बापू हम तो दुखी खड़े हैं जरजर हुये मकानों में,
तेरी बस तस्वीर टंगी है संसद के गलियारों में,
अहिंसा पर धूल जमी है, राजनीति की चालों से,
हिंसा की ही बू आती है सत्ताधीशों की बातों से।
  बापू तेरे हत्यारे को दिल के बीच बिठाया है,
  उसकी पूजा करने को मन्दिर एक बनाया है,
  अहिंसा पर हिंसा का चश्मा चढा दिखाई देता,
  मन मन्दिर पर शैतानों का राज दिखाई देता।
तेरी थाती के चोर लुटेरे अब कितने होशियार हो गये,
अहिंसा को अपनाने वाले हम कितने लाचार हो गये,
तेरे चरखे को लूट चुके जो आँखे भी दिखलाते हैं,
गालों पर थप्पड़ पड़ते हैं; हम बस पिटते जाते हैं।
  हाईटेक चोर ने आकर कितना बड़ा कमाल दिखाया,
  गाँधी का चरखा चोरी कर अपनी तश्वीरों के साथ सजाया,
  चरखे वाली खादी का चाल चलन ही छोड़ दिया,
  उद्योगों की पॉलिस्टर से सीधा नाता जोड़ लिया।
बापू फिर अन्याय हुआ है तेरे खादी वस्त्रों से,
खादी का नाता जोड़ा है मुनाफा खोरी के धन्धों से,
मुनाफाखोरों के हाथों नेता बिके हुये हैं,
चोरी के प्रमाण सहित अब तस्वीरों में टंगे हुये हैं।।

इस दुनियाँ के मध्य बसी है

इस दुनियाँ के मध्य बसी है, दुनियाँ भी शैतानों की,
सत्य जहाँ औंधा सोया है, चलती है शैतानों की।
उल्टे होते सब कर्म यहाँ सूरज भी उल्टा चलता है,
यहाँ रोशनी के बदले वह अंधकार ही भरता है।
उल्टे है सब चाँद-सितारे उल्टे दिखते सभी नजारे,
छीना-झपटी बेईमानी का ही सिक्का चलता है।
सत्य छिपा घूँघट में रहता शैतानों की सत्ता है,
सबके सिर पर सींग उगे हैं इंसा पशुओं में भेद नहीं।
सींगों से सींग बजाते है कहीं किसी से मोह नहीं,
आज आपके साथ चले कल आकर सींग चुभाता है।
हर बन्दा इस दुनियाँ में सिर्फ खून का प्यासा है,
यहाँ दुश्मनी की नित नूतन फसल उगाई जाती है।
अंधकार में पलता जीवन, चेहरे पर टिकी स्याही है,
शैतानों की बस्ती में नारी का कोई मान नहीं,
बद से बदतर जीवन उसका चेहरे पर भी चाम नहीं।
शैतानों की दुनियाँ का हर श्रेणीदार कुआरा है,
खुद को कहता धर्मवीर दुश्कर्मों का मारा है,
जल के अन्दर बर्फ का टुकड़ा पूरा डूबा रहता है,
मात्र आठवां हिस्सा बस ऊपरे से दिखता है,
आज हमारी दुनियाँ का भी अंधकार से रिस्ता है,
यहाँ आकर हरदम रहता फेल फरिस्ता है।
सदा यहाँ के शासन पर छाया रहती शैतानों की,
कभी-कभी जब काली छाया धनीभूत हो जाती है,
शैतानों की कारगुजारी साफ नजर आ जाती है,
बुरा कहो या भला कहो अब तो ऐसा दिखता है,
आज हमारी दुनियाँ में शैतानों का हिस्सा है,
शैतान छुपा है जिनके दिल में शासक उनके हाथ बिके,
कामगार भूखा सोता है, सूली टंगे किसान मिले।।

छप्पन इंच का सीना मेरा

छप्पन इंच का सीना मेरा, झूठों का सरदार मैं,
भिक्षापात्र लिये फिरता हूँ, दुनियाँ के बाजार मैं,
अपने मन की करता आया जनता को बस छलता आया
देश को भी गिरबीं रख आऊँ पैसा मिले उधार में।
  छप्पन इंच का सीना मेरा, झूठों का सरदार मैं।।

मेरे दर्जी ने मुझे बुलाया, सीने का असली नाप बताया,
उसने झूठ हमारा पकड़ा सीना छप्पन से कम निकला,
मुँह पर टेप लगाकर आया अपना भेद छुपा कर आया,
अपना भेद छुपाने में हुआ बहुत उस्ताद मैं।
  छप्पन इंच का सीना मेरा, झूठों का सरदार मैं।।

मुद्दा काले धन का लाया तभी तो जनता का मत पाया,
काला धन लेकर आऊँगा पन्द्रह लाख दिलवाऊँगा,
अपनी कथनी से पलट रहा हूँ नारे दूजे पकड़ रहा हूँ,
काले चोर हैं दोस्त हमारे उनका भी सरदार मैं।
  छप्पन इंच का सीना मेरा, झूठों का सरदार मैं।।

उजले कपड़ों में सजकर आता झाड़ू पकड़ फोटो खिंचवाता,
स्वच्छता का ढोंग रचाता खुद अपने को ब्राण्ड बनाता,
और अनेको मेरे नेता कूड़ा फैला कर फोटो खिंचवाते,
स्वच्छता अभियान में ऐसे चलते दूल्हा चले बारात में,
  छप्पन इंच का सीना मेरा, झूठों का सरदार मैं।।

कथनी करनी में अन्तर रखता आम आदमी को मैं छलता,
धनवाले हैं दोस्त हमारे तभी तो अपने बारे न्यारे,
मेरी बातें बहुत चुटीली पल-पल बात बदलता रहता
रंग बदलने में गिरगिट को दे सकता हूँ मात मैं।
  छप्पन इंच का सीना मेरा, झूठों का सरदार मैं।।